노란 크림빵

노란 크림빵

초판 1쇄 인쇄 2012년 10월 1일
초판 1쇄 발행 2012년 10월 5일

지은이 이광진
펴낸이 金泰奉
펴낸곳 한솜미디어
등 록 제5-213호

편 집 박창서, 김주영, 김수정, 이혜정
마케팅 김영길, 김명준
홍 보 김태일

주 소 (우143-200) 서울시 광진구 구의동 243-22
전 화 (02)454-0492(代)
팩 스 (02)454-0493
이메일 hansom@hansom.co.kr
홈페이지 www.hansom.co.kr

ISBN 978-89-5959-327-9 (03810)

노란 크림빵

이광진 지음

한솜미디어

| 들어가기 전에 |

아주 오래된 책들을 들여다본다. 책장의 아래 칸에 누워 있는 책들이다. 케이스가 있는 두꺼운 양장본이다. 책장의 위 칸을 차지하고 있는 반양장본의 화려한 컬러표지에 비해 광택이라곤 조금도 없는 암녹색 표지다.

그중에서 두꺼운 책 한 권을 집어낸다. 손끝에 밀가루 같은 먼지가 살짝 묻어난다. 『돈키호테』(을유문화사 1972)다. 종이 케이스를 벌려 책을 끄집어낸다. 오랫동안 공기와 접하지 않았던 속표지는 아직도 색감이 선명하게 살아있다. 묵직한 중량감이 팔목에 매달려온다. 책을 펴본다. 가장자리가 누렇게 변색된 종이에는 깨알 같은 글씨들이 빼곡하게 박혀 있다. 이제는 돋보기 없이는 읽어낼 수도 없는 작은 글씨다. 글씨는 세로로 줄을 지어 행군하는 개미떼처럼 고물거린다. 책장을 조금씩 넘겨본다. 맨 뒷장 812쪽까지 간다.

고등학교 때 용돈을 모아 책 한 권을 사들고 의기양양하던 기억이 새롭다. 그때는 요즘과 같은 다양한 놀이문화가 없었다. 더구나 우리 집엔 흑백 TV조차도 없었다. 영화구경이 가장 고급 유흥이던 시절, 다행히 나에겐 독서 취미가 있었다. 책 한 권을 손에 들면 등하굣길 버스에서는 물론 수업 중에도 몰래 책을 읽어댔다.

그 시절 어렵사리 한 권씩 사 모았던 책들을 둘러본다. 『전쟁과 평화』, 『셰익스피어』, 『죄와 벌』, 『쿠오바디스』, 『에덴의 동쪽』… 끝내 읽기를 포기한 『악의 꽃』도 보인다. 지금 봐도 무슨 말인지 모르겠다. 『그리샤 로오마 신화』(을유문화사 1974)는 한자가 무척 많았다. 옥편玉篇을 옆에 놓고 토를 달아가며 읽었던 책이다. 『뚜르게네프』 1, 3권도 있다. 이 책은 산 게 아니라 잠시 아르바이트하던 서점에서 가져온 것이다. 고백하건대 책은 판매대 위에 있지 않았고, 창고 시렁 위에 있는 것을 먼지를 털기 위해 가져온 것이다. 먼지는 30년 전에 털었는데 그 후로 갖다놓을 시렁을 잃어버렸다.

나는 책장의 위 칸에서 이윤기의 신판 『그리스 로마 신화』를 찾아본다. 컬러 표지가 눈에 얼른 들어온다. 반질반질한 표지가 손끝에 착 달라붙는다. 가로로 된 큰 글씨체가 시원하다. 쪽마다 화려한 컬러사진이 붙어 있어 호기심을 북돋운다. 예전 책과 비교하니 '비주얼쇼크'라는 말이 실감이 난다. 이러니 아들이 아버지의 손때 묻은 책을 탐할 리가 없다. 아내도 마찬가지다. 무겁기만 하고 화장지보다 쓸모가 없으니 버린들 아까울 리가 없을 것이다.

그러나 이 책들은 내 젊은 날의 지문이 남아있는 책들이다. 사춘기의 울분을 달래주던 친구였고, 가난과 외로움을 잊게 해주던 애인이었다. 문학으로 청춘을 미장하고 미래의 꿈을 키우겠다는 외침도 한 번 없이, 그냥 조용히 곁에 머물러 있음으로 나를 부유富裕하게 해주던 손난로 같은 존재였다. 뿐만 아니라 책에는 아버지와의 추억도 묻어 있다.

『월탄 삼국지』(어문각 1974) 다섯 권은, 내가 고3 때 교외실습 나가서 처음으로 아버지께 사다드린 책이었다. 아버지는 돋보기를 쓰고 30촉 알전구 아래서 모슬렘이 코란을 읽듯 방바닥에 놓고 정독情讀을 하셨다. 하루는 밖에서 돌아오니 주무시지 않고 나를 기다리고 계셨다. 고희古稀가 다된 아버지는 얼굴을 들이대며 대뜸 "관우가 죽었다!"며 침통해 하셨다.

딱히 할 일이 없어서 시작된 어려서부터의 독서 취미는 나이가 들어 전국을 떠도는 각설이 생활 중에도 깡통과 함께 끼고 다닐 정도로 습관이 되었다. 그렇다고 인격이 고매하거나 학구적인 갈증이 남다른 것은 아니었다. 오로지 남보다 학문이 열등하고 내세울 만한 재주가 없다 보니 책이라도 좀 들고 다녀야 모양새라도 날 것 같았기 때문이다. 하지만 그나마도 서른이 넘어가자 직장생활에 염증이 생기고, 자존감에 회의가 들어 책보다는 술을 찾는 시간이 많아지면서 스스로 무력감에 빠져버렸다. 그렇다고 직장을 그만둘 수도, 무작정 폭포수 아래에 가부좌를 틀 수도 없는 게 현실이었다. 그래서 술 사이에 틈이 나면 낙서 같은 글들을 끄적거리기도 했는데 그것도 모아 놓고 보니 나중에 괜찮은 글이 있다는 걸 알게 되었다. 더불어 훗날 내 아들이나 지인들이 '술 좋아하는'이나 '별 볼 일 없는'으로만 나를 기억하기보다는 '재미있는'이나 '재주 있는'으로 기억하게 할 '거리'가 필요하다는 것도 깨닫게 되었다. 바로 내 이름으로 지어진 책이 필요한 이유였다. 나는 그래서 5년 전에 첫 책을 낼 때 머리말에 이렇게 썼다.

'이렇게 살다 스러질 순 없지! 양명揚名은 아니더라도 세상에 왔다간 흔적은 남겨야지. 큰길가에 내 이름 박힌 건축물 하나는 세우지 못하더라도 가벼운 책 하나쯤은 만들 수 있지 않겠는가!'

게으르고 강단이 부족한 탓으로 미적거리다가 본격적으로 글을 쓰기 시작한 것은 마흔부터였다. 표지가 붉은 책『고운님 여의옵고』를 내는 데는 꼬박 6년이 걸렸다. 글솜씨도 없는 데다 직장이 건설현장이고, 글의 주제가 역사이니만큼 자료수집에 많은 시간이 들었기 때문이다. 그리고 이번 책『노란 크림빵』은 5년 만의 발행이다. 여전히 직장은 건설현장이지만 글의 주제는 역사보다 가벼운 생활수필이고, 말 그대로 경수필輕隨筆이다. 그러니 가벼운 마음으로 읽어주시길 바라며 큰 기대는 접어주시길 바란다. 글쓰기는 나 스스로를 위무하고 찾아가는 과정일 뿐이다.

다음 책은 수년 안에 나올 것이고 주제는 이미 정해져 있다. 책표지는 파란색이다. 그리고 이제 시간이 15년쯤 또 흐르면 "관우가 죽었다!"며—1,800년 전에 죽은 관우를—침통해 하시던, 그때의 아버지 나이가 된다. 그때쯤이면 표지색이 '빨주노초파남보'인 책들을 둘러보며 자족의 웃음을 히죽히죽 웃는 노인의 모습이 예감되는 요즈음이다. 입가에 웃음이 맺힌다. 묘한.

저쪽에서 마누라가 혀를 "쯔쯔…" 차고 있다.

2012년 孟夏

CONTENTS

들어가기 전에 / 5

PART 01 구름

노인을 위한 나라는 없다 _ 14

사랑받기 위한 사람 _ 20

땅에 사는 가치 _ 27

외로운 사냥꾼 _ 33

건설이란 _ 38

술 _ 44

담배 _ 54

오뎅 _ 59

조영남을 읽다 _ 63

PART 02 바람

'놈'과 '분' _ 94

외연도外煙島 _ 100

남산, 렛잇비 _ 111

운주사 가는 길 _ 117

어느 천재의 자명소自明疏 _ 122

휴일을 재미없게 보내는 방법 _ 128

개에게 영혼이 있는가 _ 136

남자의 굳은살 _ 141

내 24살의 상처 _ 148

PART 03 비

노란 크림빵 _ 156

珍이 _ 163

21세기 빈처 _ 170

노무현, 조광조 _ 176

죽음을 함부로 말하지 마라 _ 181

말코와 짱구 _ 188

우리들의 70년대 _ 192

제갈諸葛과 항우項羽 _ 202

마지막 장강長江 _ 212

福酒가 중국으로 떠난 까닭은 _ 216

PART

구름

세상은 유기체다. 끊임없이 변화하고 진화하는 것이 세상이지만,
가끔은 좀 천천히 바뀌었으면 좋겠다는 자리가 있다.
바쁘게 돌아가는 세상의 일이 개인의 욕심과 같을 수는 없겠지만
과거를 돌아볼 줄 아는 인간이니만큼 어찌 아쉬움이 없겠는가.

노인을 위한 나라는 없다

수년 전, 병원으로 친구를 보러 간 적이 있었다. 친구는 교통사고로 다리를 다쳐 깁스를 하고 있었는데, 내가 갔을 때는 낮잠을 자고 있었다. 창문으로 빗겨 들어온 오후의 햇살이 친구의 침대 머리맡에 후광처럼 머물러 있었고, 아기처럼 잠든 친구의 얼굴은 마냥 평온하기만 하였다.

나는 조심스레 의자에 앉아 바나나를 까먹으며 친구가 읽다 만 『실크로드』를 펴서 읽었다. 그러다가 가끔 창밖으로 눈을 돌려 어느새 앞산까지 다가온 푸릇푸릇한 새봄을 훔쳐보다가, 소리 한 번 내지르고 꽁지가 빠지게 도망가는 아스팔트 위의 트럭을 쫓아가기도 하였다. 그나저나 친구의 얼굴 위로 조금씩 타고 내려온 햇살은 눈썹을 살살 긁어대었고, 우루무치에서 놀고 있던 친구는 낙타 등에서 내리기 위해 살포시 눈을 떴다. 나는 친구가 부럽다는 생각이 들었다.

며칠 전, 기형으로 꼬부라진 왼쪽 발가락을 교정하기로 하였다. 평생 불편을 겪었어도 참지 못할 정도는 아니었으나 근래 들어 아픔이 심하여져 더 늦기 전에 수술을 하기로 한 것이다. 수술 후 1주일 이상은 입원을 해야 한다기에 욕심 같아서는 한 2주 정도 입원을 하고 싶었으나 차마 고생하는 회사동료를 생각해 참기로 하였다.

명색이 뼈를 깎는 수술인데 두려움은 전혀 없고 해외여행이라도 떠나듯 가슴이 설레는 건 무슨 경우인가? 『노인을 위한 나라는 없다』와 함께 맥카시의 책을 몇 권 준비하였다. 아내에게는 매일 아침 신선한 과일과 신문을 가져오도록 하였고, 가자미식해, 새우젓 계란찜, 고구마 케이크도 주문하였다. 심심풀이 오징어와 땅콩은 물론이다.

첫째 날, 오전에 입원실을 배정받았다. 5인 병실이었고 하필이면 가운데 자리였다. 환자와 스무 명의 방문객들로 인해 좁은 병실은 시끄러웠고 공기마저 탁하였다. 수술이 끝나면 하루에 얼마씩을 더 주더라도 3인실로 옮겨줄 것을 요청했다. 가능하면 창가 자리를 부탁하였다.

오후에 수술이 끝나고 새 병실로 옮겼다. 마취가 덜 깨어 몽롱한 가운데서도 유리창을 타고 넘어온 따스한 봄볕이 얼굴에 내려앉음을 느끼며 행복한 잠 속으로 빠져들었다. 3인실은 우리뿐이었다. 저녁에는 아내와 침대 위에 마주 앉아 소풍이라도 나온 듯 반찬을 늘어놓고 상추쌈까지 싸먹었다. 환자복이 마치 새로 나온 패션이라도 되는 양 뽐을 내었다.

둘째 날, 아침부터 작정하고 책 한 권을 쥐었다. 그러나 깁스한 발과 링거 바늘을 꽂은 팔이 자유롭지 못하여 한쪽으로만 누워 있으려니 여간 불편한 게 아니었다. 억지로 앉아서 책을 좀 볼라치면 간호사가 나타나 수술한 발을 높이 들지 않는다고 잔소리를 해대었다. 하는 수 없이 다시 드러누워 받침대 위에 발을 올렸다. 아침밥도 채 소화되지 않은 차에 점심까지 들어가자 배만 탱탱해졌다. 후식은 고사하고 알약 들어갈 자리도 없다. 누워만 있으니 옆구리는 배기고 가스는 자꾸 차오르는데 정작 화장실에 가도 아무런 소식이 없다.

옆 침대에 중년의 남자가 들어왔다. 오토바이 사고 환자였다. 애써 새 이웃의 불행한 사고를 들어주는 척하며 책에 눈을 붙이고 있는데, 새 이웃은 어느새 내가 숨겨둔 리모컨을 찾아내 TV를 켰다. 그리고 채널을 1번에서 99번까지 돌려본다. 재차 한 바퀴 돌아가던 채널은 연속극 재방송에서 멈추었다. 이웃은 연속극을 그냥 보는 게 아니라 극중에 몰입하여 혼자서 웃고 떠들더니 나에게 설명까지 하려 든다. 다행히도(?) 새 이웃은 저녁에 5인실로 내려갔다. 보험 규정상 3인실에 해당이 되지 않는단다.

밤에는 옆 병실로 인해 5층 전체가 시끄러웠다. 운신이 어려운 노인 환자와 팔을 다친 젊은이의 다툼이었다. 노인은 스스로의 힘이 없어 전문 간병인이 붙어서 간호를 하고 있는데 기저귀를 갈 때마다 냄새를 풍긴 모양이다.

"여럿 쓰는 병실에서 매번 이러면 되겠소. 독실로 옮기든지 하시오."

복도를 타고 젊은이의 고함이 날아든다.

"네 아버지 같으면 이럴 거냐? 넌 안 늙는 줄 아느냐!"

노인의 목소리가 부들부들 떨리었다.

자정이 되어 이번에는 노인의 아들이 나타나 난동을 부렸다. 아버지를 모욕한 젊은 놈을 찾아내라고 간호사를 협박하며 유리병을 깼다. 다행히 젊은 놈은 달아났고 경찰이 와서 수습을 했다. 난 새벽까지 달아난 잠을 잡을 수가 없었다.

셋째 날, 멍한 얼굴로 겨우 일어나니 벌써 아침밥이다. 하지만 속이 꽉 찬 기분이라 도무지 입맛이 없다. 간호사에게 사정을 하소연했더니 물 1리터와 함께 변비약을 내준다. 숨쉬기도 힘든 참에 물 1리터라니!

점심 전에 병실에 새 이웃이 들어왔다. 어젯밤의 그 노인이었다. 3인실에 나 혼자만 있으니 병원에서 노인을 이리로 보낸 모양이었다. 노인은 어젯밤 무리를 했는지 종일 잠만 잤다. 끼니때만 되면 신기하게도 깨어나 밥을 챙기고, 곧이어 변을 누고는 다시 잠에 빠져들었다.

노인의 간병인은 오십 후반의 건장한 여자였다. 간병생활 3년이라는데 노인의 표정만 보고도 귀신같이 원하는 바를 알아내었다. 하지만 친절이 지나쳐서 “지금 쉬~ 하고 있지요?” “끙~ 잘 나오고 있어요?” “끙~ 아직도?” 등으로 노인을 짜증나게 만들었고 나의 독서집중을 방해하였다.

간병인은 익숙한 솜씨로 노인을 뒤집어 기저귀를 갈고 몸을 닦아냈다. 나는 그때마다 창문을 열고 들숨보다 날숨을 더 뱉어내는 고통을 겪어야만 했다.

넷째 날, 노인은 엊저녁에 딸이 가져온 닭죽을 먹고 종일 설사를 해대었다. 간병인의 투덜거리는 소리가 계속 이어졌다. 나는 목발을 짚고 옥상으로 올라갔다. 그러나 꽃샘추위가 몰아친 옥상은 너무 추웠다. 다시 내려와 복도의 나무 의자에 앉아 책을 봤다. 하지만 옆구리가 배겨서 오래 있을 수가 없었다. 병실로 들어가 책을 던지고 누웠다. 간호사가 다가와 병실을 옮기겠느냐고 물어왔다. 나는 노인을 한 번 쳐다보고 고개를 내저었다.

난 왠지 슬펐다. 한때는 하늘을 뚫을 듯 기세등등했을 남자의 양물陽物이 누에처럼 쓰러져 부지의 여자 손에 이리저리 치일 수 있다는 것이 슬펐다. 만물의 영장靈長으로 태어나 명예와 수치를 가름하여 결코 남에게 보여줄 리 없으리라 믿었던 배설물이 포스터처럼 기저귀에 펼쳐져도 스스로 감출 수 없다는 것이 슬펐다. 과연 나는 내 인생의 끝자락에 저런 노추老醜를 피할 수 있을 것인가 하는, 그런 의혹이 나를 슬프게 했다.

다섯째 날, 나는 아침에 통원치료를 신청했다.

— 2009년 3월

사랑받기 위한 사람

부랑자 신세의 전과자 장발장에게 미라엘 주교는 하룻밤 숙식을 제공한다. 그러나 밤사이 장발장은 은식기를 훔쳐 도망간다. 미라엘 주교는 절도혐의로 경찰에 잡혀온 장발장을 위해 이렇게 증언한다.

"은식기는 내가 선물한 것이었소. 은촛대는 잊고 가져가지 않았군요."

소설 『레미제라블』의 감동 장면이다. 미라엘 주교는 비록 거짓 증언으로 신께는 죄를 지었지만 장발장을 회개시켜 세상을 향한 분노를 지우고 사랑에 눈을 뜨게 한다. 신부가 장발장을 설복한 것은 지옥의 시뻘건 화염불이 아니었다.

얼마 전, 건설현장에서 사람과 하루 종일 부대끼는 일과를 끝내고, 숙소에서 TV를 보다 전제용 선장의 이야기를 알게 되었다.

1985년 11월 14일 원양어선 선장이었던 전제용(45세)은 인도양에서 조업을 마치고 돌아오다 망망대해에서 표류 중인 조그만 배 한 척을 보게 된다. 배에는 베트남 난민들이 손을 흔들고 있었다. 전 선장은 본사로 타전을 했고, 회신은 '무시하라'였다. 당시 세계는 난민들로 골치를 앓고 있었다. 지시대로 전 선장은 아우성치는 보트피플을 무시하고 항해를 계속한다. 그러나 전 선장의 번민은 불과 30분을 넘지 못했다. 배는 되돌아와 96명의 보트피플을 모두 구제하고 부산까지 17일간을 보살피며 데려오게 된다. 이 일로 전 선장은 해직을 당하고 직업을 전전하다 고향 통영으로 내려가 멍게양식을 하며 그럭저럭 살아가게 된다.

2002년, 전 선장은 미국에서 온 한 통의 편지를 받는다. 난민 중의 한 사람이었던 '피터 누엔'의 편지였다. '단 하루도 전 선장을 잊은 날이 없었다'는 그는 다시 한 번 만나게 해달라고 신께 간절히 기도했단다. 그리고 간절한 기도의 결실은 19년 만에 이루어졌다.

2004년 전 선장은 피터의 초청으로 미국을 방문하게 된다. 다시 2006년 피터는 한국의 통영까지 전 선장을 찾아온다. 21년 만의 한국방문이었다.

십수 년 전 겨울이었다. 주말에 친구들과 제주도 관광 일정이 잡혔다. 들뜬 마음에 공항으로 가기 위해 집을 나서는데 전화벨이 울렸다. ○○정형외과인데 우리 집 아이가 어린이집 앞에서 교통사고를 당해 지금 치료 중이라고 했다. 허겁지겁 병원을 찾아가는데 오만 가지 잡념이 거품처럼 솟았다가 꺼지기를 반복하였다. 아내는 차 안에서 눈물만 닦고 있고….

병원에 도착해 아이를 보니 입술이 터져 당나발이 되었는데, 의사는 엑스레이 사진을 보여주며 다행히 더 이상 다친 곳이 없다고 했다. 안도의 한숨을 내쉬며 가해자를 돌아보니, 잔뜩 긴장한 얼굴의 중년남자는 미안하다는 말을 거듭하였다. 나는 불행 중 다행이라며 그 남자를 위로했다. 의사는 교통사고의 후유증을 보기 위해 하루 입원을 권했다. 하지만 아이가 한사코 집으로 가겠다고 울며 떼를 쓰는 통에 하는 수 없이 퇴원을 하고 말았다.

다음 날부터 아이는 가까운 병원에서 매일 통원치료를 받았다. 상처는 빠르게 아물어 갔고 치료비도 많은 돈이 아니어서 그냥 우리가 지불했다. 가해자로부터는 한 통의 전화도 없었다.

4일이 지나서 퇴근해 들어오니 아내가 말하길, 얼굴도 모르는 가해자의 아내에게서 전화가 왔단다. 아이가 많이 다치지 않은 것에 하느님께 감사하고, 피해자로부터 어려움을 겪지 않게 해주신 것에 하나님께 감사한다고 말했단다. 그러면서 교회에 감사헌금을 바치겠다고 했단다. 우리에겐 미안하단 말도 없이.

그 아주머니는 왜 우리에게 전화를 했을까? 하느님께 할 전화를…. 당신 아이가 그 정도로 다친 것은 하느님과 통하는 우리 덕분이라는 말을 하고 싶었던 것일까?

그는 좌석에 앉자 먼저 눈을 감고 성호를 그었다. 미간 사이에 고뇌 어린 주름이 파인다. 고개를 천천히 들어 차마 보고 싶지 않은 속세를 대하듯 힘겹게 눈을 뜬다. 하지만 여기까지다.

그와 처음 점심을 같이 한 건 공사계약이 있는 날이었다. 그의 사무실이 있는 서울 강남 전철역 부근의 횟집이었다. '멀리서 왔으니 낮술이나 한잔하자'며 6천 원짜리 매운탕에 소주를 시켰다. 그는 매운탕 국물을 두 차례 데워가며 소주 다섯 병을 비우도록 안주는 결코 시키지 않았다. 나는 감동했다. 이 어른이 기업을 일으켜 큰돈을 번 것이 결코 우연이 아니었구나 하는 존경심마저 일어났다.

몇 달 후, 일을 무사히 마치고 계약 외에 추가로 들어간 비용을 이야기하러 갔을 때, 그는 발주처에서 추가공사비를 받아와야만 주겠다고 했다. 나는 하는 수 없이 발주처를 찾아다니며 추가공사비를 청원했다. 그는 몇 달 후 발주처로부터 돈을 받아냈지만 나에게는 결코 한 푼도 돌려주지 않았다.

내가 아는 그의 직원 중에 16년 된 창업 공신이 있다. 집안에 큰 우환이 생겨 부득불 휴직원을 냈다. 말이 휴직이지 평소와 같이 회사 심부름을 다 하는 재택근무였다. 그러나 기본급이라고 평소의 절반도 안 되는 돈을 보내더니 석 달 만에 공신을 해고해 버렸다. 낮술에 취한 사장으로부터 자주 해고의 위협을 당한다는 다른 직원은 이렇게 말했다.

"10년 전이나 지금이나 월급이 똑같다. 생활이 너무 어렵다. 그런데 사장은 성당에 많은 돈을 기부했다고 자주 우리 앞에서 자랑한다. 왜 신은 사랑하면서 사람은 사랑하지 않는가?"

테레사 수녀가 신의 존재를 느끼지 못하는 번민과 고통 속에서도 인간을 위한 헌신봉사를 50년이나 했다는 기사는 감동의 차원을 넘는다. 그녀의 헌신봉사에는 소명의식을 넘어서는 거룩한 뜻이 더 있다고 본다. 테레사 수녀 같은 성녀도 때로 번민할 수밖에 없는 보이지 않는 신의 존재감을 어떻게 우리 같은 범속한 인간이 의심 없이 받아들일 수가 있겠는가. 그러나 우리가 비록 숲속의 새를 보지 못해도 새소리를 들으며 새의 존재를 확인하듯이, 우리는 테레사 수녀 같은 분을 통해 신의 존재를 느끼게 되는 것이다.

사람으로 태어나 사람을 싫어하는 사람들이 있다. 염세주의는 아니다. 세상은 감사할 게 무한하다는 주의다. 그렇다고 행복주의도 아니다. 그들의 행복은 일방적이며 배타적이다. 그들의 봉신封神의 바탕에는 만인 원죄설이 깔려 있고, 자신들만 면죄 · 선택되었다는 오만으로 뭉쳐 있다. 그러니 신(대리인으로서 교회)을 사랑하는 것은 선민選民으로서의 당연한 의무이고, 잠재적 범죄자인 비선민은 미워할 수도 있다는 주의다.

피터 누엔의 기도가 '사람 사랑'이 출발점이라면, 전화한 아주머니나 서울 사장님의 가치관은 '신 사랑'이 기준인 것이다. 이런 사람들로 인해 마음에 상처받고 종교를 백안시하는 사람들의 오해는 테레사 수녀 같은 분의 헌신봉사로 치유되어야만 하는가.

예수는 그러지 않았다. 간통현장에서 잡혀온 사마리아 여인을 두고 율법사들이 돌로 쳐 죽여야 마땅하다 할 때, '너희 중에 죄 없는 자가 먼저 쳐라' 하여 여인을 살렸다. 내가 성경을 통틀어 가장 위안을 받는 장면이 이 부분이다. 만약 예수가 법리대로 여인을 처벌했거나, 신력으로 여인을 징벌하였다면 사람들에게 공포는 줄 수 있을지언정 진정한 감화는 받아내기 어려웠을 것이다. 예수가 첫 번째로 보인 신격의 증명도 가나의 잔칫집에서 물을 술로 바꾸는 기적이었다. 그것도 아주 좋은 술로 바꾸어 사람들을 흥겹게 하였다. 예수는 진정으로 사람을 사랑하였고, 이해하였고, 용서하였다. 그래서 위대한 것이다. 이런 진리를 깨닫지 못하는 눈먼 신자들은 이렇게만 말한다.

"사람들이 예수를 배신하고, 핍박하고, 매달아 죽였다"고.

『만들어진 신』을 쓴 진화생물학자 리처드 도킨스가 신은 착각이자 망상이라고 했지만, 우리는 신의 유무를 떠나 '사람 사랑'이 많은 세상을 원하는 것이다. 도킨스의 말처럼 신이 착각이나 망상이라 할지라도 사람들의 아름다운 세상을 꾸리는 데 신의 이름이 필요하다면 신은 반드시 있어야만 하는 것이다. 그리고 신의 대리인의 말처럼 신이 있어야만 아름다운 세상을 꾸릴 수 있다면 무엇보다도 땅의 일꾼(벌)인 사람이 먼저 사랑을 받아야 하늘의 존숭(꿀)도 이루어지게 됨을 알아야 한다. 진정으로 아름다운 세상을 만드는 것이 신의 뜻이라면 비록 사람이 낮을지라도 신보다도 먼저 사랑을 받아야만 순서에 맞는 것이다.

땅에 사는 가치

아내는 오늘도 소시지 하나를 사들고 어린이집 마당에서 한참을 놀다 왔을 것이다.

어린이집에는 털이 하얀 진돗개 한 마리가 있다. 1년생 암컷인데 사람을 경계하지 않고 잘 따르는 편이다. 아내는 외출에서 돌아오며 출가시킨 딸네 집을 들여다보듯 일부러 어린이집을 들러 진돗개와 노닥거리다 오는 것이다.

내가 기억하기로 아내는 개를 싫어했다. 스피츠 같은 작은 개도 무서워했다. 길을 가다 덩치가 큰 개를 보면 길을 되돌아가기도 하였다. 그러던 아내가 요즘은 어디서든 개를 만나면 먼저 손을 내밀만큼 대범해진 것이다. 개에 대한 애정이 생겨난 때문이다.

5년 전, 중학생인 외동아들의 정서함양을 위해 하얀 솜털이 보슬보슬한 진돗개 새끼 한 마리를 사들였다. 나 역시 외동으로 어릴 때부터 개와 함께 커왔던 터라 분명히 아들의 좋은 친구가 될 줄 알고 있었다. 이름은 우리 토종에 어울리게 '용구'라 지었다.

신통하게도 용구는 새끼 때부터 대소변을 가릴 줄 알았다. 두 평 남짓한 뒤란에서 잘 먹고 놀다가도 용변이 마려우면 낑낑거리거나 문짝을 긁어대었다. 특히 아침이면 낑낑거리는 소리가 안방까지 들려왔다. 아들이 일부러 느릿하게 딴청을 부리면, 용구는 앞발을 쳐들고 캥거루처럼 일어서서 빨리 나가자고 재촉을 해대었다. 보다 못한 아내가 아들의 등짝을 후려치며 같이 집밖으로 내몰면 그때부터 용구는 밤새 참았던 오줌을 찔끔거리며 달려가는 것이다. 아들은 또 그걸 보며 킬킬거렸다.

용구는 우리 식구가 된 지 1년 만에 새끼에서 사춘기 소년으로 성장해 버렸다. 하루 두세 번의 운동을 겸한 산책길에서 암캐를 만나면 코를 동원한 왕성한 호기심으로 주인을 당혹스럽게 하였고, 수캐를 만날라치면 이빨을 드러내고 '크르릉'거리어 목줄에 힘을 주게 만들었다.

한번은 용구가 깐죽대는 동네 똥개를 물어버린 적이 있었다. 아들은 용구를 붙들고 있었지만 똥개의 주인이 용구를 뺏어 둘러메쳤고 용구는 뒷다리가 부러졌다. 아들은 쓰러져 비명을 질러대는 용구를 죽을힘을 다해 들고 왔단다. 난 그때 사업차 출장 중이었는데 전화 속에서 아내는 우느라고 용구의 부상을 제대로 설명하지도 못하였다.

난 출장에서 돌아오자 뒤란부터 찾았다. 용구는 다리에 깁스를 하고 베니어합판에 누운 채 나를 보자 꼬리를 요란하게 흔들어댔다. 하얀 꼬리로 두드리는 합판 소리가 행군 북소리처럼 요란하였다.

신기한 것은 용구의 단식이었다. 소시지나 햄을 코앞에 갖다 놓아도 일체 먹지를 않았다. 배변도 하지 않았고 우유만 조금씩 마실 뿐이었다. 겨우 오줌을 누고는 다시 그 오줌을 핥아 먹었다. 나중에 책에서 읽었는데 야생동물은 몸을 다치면 자연치유력을 높이고 적에게 노출되지 않기 위해 단식을 한다고 하였다. 진돗개가 대소변을 가리는 것도 원시 야성이 강하여서 자신의 흔적을 남기지 않기 때문이라 하였다.

용구는 한 달 만에 깁스를 풀고 일어섰다. 그러나 절름발이가 되고 말았다. 나는 가해자에게 “내 아내에게 ‘미안하다’고 한 마디만 해주라” 부탁하였다. 그러나 그는 우리를 피해 다니기만 하였다.

울산에서 20년 가까이 살던 동네를 떠나게 된 건, 새로 시작한 사업이 어렵게 된 때문이었다. 사람들은 믿음이 클수록 피해를 크게 남겼다. 부도어음에 사기까지 당하여 빚이 자꾸만 늘어났다. 급기야 우리 식구는 쪽방 신세까지 지게 되었다. 어쩔 수 없이 용구는 충남 금산에 홀로 사시는 처이모 댁으로 옮겨졌다.

내가 처이모를 찾아뵌 것은 결혼 15년 동안 세 번뿐이었다. 특별한 일도 없었거니와 살아가는 데 힘쓰다 보니 인사가 소홀한 게 사실이었다. 그런데 용구를 옮기고부터는 1년에 두세 번씩 찾아가게 되었다. 대구나 대전 근처에 볼 일이 생기면 일부러 금산을 들러보는 것이었다. 아내와 아들도 마찬가지였다. 이모님은 용구를 보러오든 당신을 보러오든 갑자기 늘어난 우리 식구의 잦은 방문을 즐거워하셨다.

용구를 금산에 보낸 지 3년이 되었다. 나는 급기야 사업마저 접고 피해의식에 젖어 늘 술에 취해 있었다. 용구를 보러가는 일도 끊어졌다. 하필 그때 이모님마저 풍증으로 병원에 입원을 하게 되었다. 이모님 없는 빈집에서는 밤이 되면 '아우~' 울어대는 늑대 울음이 괴기스러웠단다. 어느 날 이모님에게서 전화가 왔다. 마을회의에서 용구를 없앤다는 통고를 받았단다.

다음 날, 아내와 나는 마티즈를 몰고 금산으로 달려가 용구를 실었다. 울산까지 오는 동안 나는 뒷좌석에서 용구의 손을 잡고 옛날이야기를 하였다. 네 고향으로 가고 있다는 귀띔도 해주었다. 그러나 우리에겐 용구를 재울 곳이 없었다. 남의 집에서 며칠을 신세지고, 결국 용구는 지인을 통해 어느 철재상으로 가게 되었다.

용구가 떠나던 날, 나는 아침 일찍 집을 나섰다. 그리고 밖에서 아내에게 전화를 했다. 빨리 데려다주라며 신경질을 부린 듯하다. 해가 져서야 돌아온 아내는 별다른 말이 없었다. 대신 동행하였던 처제가 용구 이야기를 해주었다.

"…부산에서 용구를 건네주고 곧장 돌아가는 줄 알았죠. 말 없이 운전만 하던 언니가 갑자기 차를 식당 앞에 세우는 거예요. 저녁 먹고 가자고… 돼지갈비 2인분을 시켰어요. 내가 가만히 보니 언니는 갈비는 구워서 한쪽으로 밀어놓고 맨밥에 된장만 먹는 거예요. 저도 하는 수 없이 상추에 된장만 먹었어요. 돼지갈비를 싸서 다시 철재상으로 돌아가니, 우릴 본 용구가 목줄이 끊어져라 허우적대는 거예요. 언니가 가서 용구를 안아주고 갈비를 내주었죠. 그랬더니 용구가 갈비는 먹지 않고 땅을 파더니 거기다 숨겨놓고 우리만 쳐다보는 거예요. 그걸 본 언니가 그만 눈물을 참지 못해 도망치듯 그 집을 나왔어요. 우리 등 뒤로 용구 울음소리가 계속 들려오는데, 난 태어나서 짐승이 그런 슬픈 소릴 내는 건 처음 들었어요."

법정 스님은 '집착이 괴로움'이라 하여 3년간 키우던 난초를 '홀가분한 마음'으로 남에게 주었다고 하였다. '무소유'일 때 비로소 세상을 갖게 된다고도 하였다. 스님이 추구하는 가치는 이 땅의 것이 아니니 그럴 수 있다 쳐도, 이 땅에서 주어진 것에 연연하며 살아가는 범속한 인간에게 '정은 떼기가 괴로우니

정 주기를 삼가라' 하신다면, 정을 주기만 할 뿐 정을 뗄 생각조차도 하지 않는 짐승보다도 인간은 이 땅에 몸을 부비며 살 가치가 더 없는 것이 아닐까.

이제는 대학생이 된 아들과 아내는 요즘도 가끔 물어본다.

"용구가 아직 살아있을까?"

– 2007년 봄

외로운 사냥꾼

'사랑하는 것은 사랑을 받느니보다 행복하나니라'

청마 유치환의 시 「행복」의 첫 구절이다. 그가 받지도 못하면서 주기만 하는 사랑을 위해 쓴 편지가 5천여 통이 되었다니, 매일같이 썼다면 14년이 걸렸을 것이고 하루씩 걸렀다면 30년 가까운 세월이 걸렸을 것이다.

청마는 "나의 생애에 있어서 애정의 대상이 몇 번 바뀌었습니다. 이 같은 절도 없는 애정의 방황은 나의 커다란 허물이 아닐 수 없습니다"라고 고백하였다는데, '몇 번'이란 적어도 세 번 이상이란 함의가 있지 않은가? 청마 같은 시인 · 교육자가 이런 애정의 방황을 거듭할진대, 범속한 남자들의 애정행각에서는 어떤 절제를 기대할 것인가.

가정을 가진 많은 남자들이 사냥터에서 취한 포획물을 아내 아닌 다른 여자에게도 자랑하고픈 심리는 같은 갈등을 겪어온 근대의 남성학자들에 의해 '피할 수 없는 성징'으로 변증되어

왔었다. 마치 수염이 남성성의 상징이듯 바람기는 지극히 정상정인 남자의 생리라고 변명되기에 이른 것이다.

여자들도 가만있지는 않았다. 현대에 들어서자 여성해방운동과 함께 담을 뛰어넘는 '노라'들이 늘어나기 시작했고, 피임이 가능해지면서 '성의 자유'를 자유롭게 구가할 수 있는 시대가 도래한 것이다. 요즘은 성을 그냥 말이 아니라 행동으로 실천하는 독신녀들의 드라마가 히트를 치고, 그 속에서 좋아하는 성희性戱를 거침없이 표현하여 남성을 주눅들게 하는 세상이다.

이제 성은 불 꺼진 방 안에서 불빛 환한 마당으로 당당히 나와버렸다. 여자들은 남자들이 멍석을 채 깔기도 전에 마음만 먹으면 먼저 성을 노래하고 춤출 수 있는 시대가 된 것이다. 미국의 콜럼버스 시에서는 '남자들이여, 제발 우리 여자들에게 오르가슴을 달라Have an orgasm'며 데모까지 했다는데 그럴수록 남성은 주눅이 더 든다는 걸 여자들이 모르지는 않을 텐데 말이다.

그러나 성의 평등 · 자유도 좋지만 교양 · 지식에는 담을 쌓고 명품 · 외모에만 열중하는 춘향이와 공양미를 핑계 삼아 인당수 주점으로 찾아드는 심청이는 어떻게 봐주어야 할 것인가. 또한 자아실현이나 정체성 회복을 구호로 외치며 가정까지 내버리는 열녀熱女들의 행위에는 어떤 설명을 붙여야 할까.

내 주변에 몸은 21세기면서 정신은 조선시대인 친구가 하나 있다. 역사와 문화에 관심이 많고 작금의 국내정치에도 한숨이 많은 친구다. 밖에서는 세심 소심한 성격이지만, 집에서는 가부장적 권위를 앞세워 목에 힘을 주고 살았다. 가장으로서의 책임감도 유별하여 휴일도 없이 죽어라 일만 하였다. 하지만 벌이가 신통하지 못한 지 10여 년째 좁은 아파트를 벗어나지 못하였다.

첫째 딸이 고등학교에, 둘째가 중학교에 들어가자 친구의 마누라가 생활비를 벌겠다고 부엌을 나섰다. 처음에 친구는 말렸지만 나중에는 대문을 열고야 말았다. 부족한 생활비가 빗장을 뽑은 것이다. 친구 마누라는 상품 판촉으로 사람들을 만나고 다녔다. 물 만난 고기마냥 본인도 몰랐던 천부적인 장삿술이 우러나와 마누라의 수입은 금세 무시할 수 없는 수준이 되었다.

1년여를 부지런히 돈을 벌었다. 친구의 마누라는 부동산 중개가 돈이 된다며 그쪽을 기웃거리기 시작했다. 자연히 남자들과 땅을 보러 다니고 술좌석에도 어울리게 되었다. 밤늦게 귀가하는 일이 잦아졌다. 친구와 마누라는 자주 다투게 되었고 부부관계도 소원해졌다. 결국 친구 마누라는 바람이 나서 집을 나가버렸다. 친구는 마누라를 찾아갔다. 아이들을 봐서 용서할 테니 돌아오라고 했다. 여기까지는 주변에서 가끔 들어본 이야기다.

오히려 친구의 마누라가 친구를 용서하지 않겠다고 했다. 가부장적 권위로 아내를 억압한 죄, 일을 핑계로 삶의 재미와 낭만을 방기한 죄, 근검과 절약을 구호로 경제적 무능을 감춘 죄, 그리고 또 한 가지는 여자의 본능을 부도덕으로 모욕한 죄라 하였다. 친구 마누라는 이혼장을 친구에게 보냈다.

그 당시 내가 친구를 위로할 방법은 무관심뿐이라고 생각했다. 서로 연락을 끊고 지냈다. 수년 후에 일을 소개하면서 다시 만났을 때 친구는 팍삭 늙어버렸고 알코올 중독의 기미도 보였다. 갑자기 인생이란 명제가 복잡하게 내 머리를 어지럽혔다. 얼마 후 나는 취중의 객기로 2차로 간 술집에서 여자 도우미를 친구와 엮어버렸다. 여자는 마침 돈이 필요했었다며 기꺼이 제의를 받아들였다. 그날 밤 내가 친구를 위로할 방법은 그런 식뿐이라고 생각했다.

아주 오래전 동굴 속에서 살 때부터 남자는 모두 바람둥이고 여자는 모두 창녀였다는 말이 있다. 남자는 사냥물을 자랑하며 바람을 피웠고 여자는 사냥물을 얻는 대가로 섹스를 제공했다는 말이다. 그러니 남자는 사냥물이 많을수록 여자를 많이 상대할 수 있고, 여자는 남자들의 눈에 잘 띌수록 사냥물을 쉽게 얻을 수 있다는 사실도 알게 되었을 것이다. 이후로 여자는 남자들의 눈에 잘 띄려면 예뻐야 한다는 사실도 깨닫게 되었고, 힘세고 거친 남자가 사냥을 더 잘한다는 사실도 알게 되었을 것이다. 진화론적 견지에서 보면 여자는 계속 예뻐질 수밖에 없고 남자는 더욱 힘이 세어져야 맞는 것이다. 그러나 여자는 진화를 거듭한 반면 남자는 거꾸로 퇴화해버렸다. 몸은 약해지고 정신은 물러졌다. 청마처럼 사랑을 주기만 해도 행복하다는 남자까지 생겨났다.

그렇게 세상은 바뀌었다. 현대 여자들은 남자들의 사냥능력을 의심하기 시작했다. 사냥물의 안정적인 조달을 우려하는 '무자식' 가정이 생겨났다. 공동사냥의 부담을 꺼려하는 독신녀들도 늘어났다. 무능한 사냥꾼을 '집'—사냥꾼을 붙잡아두기 위해서는 필수였던 집—밖으로 내쫓는 여자들도 생겼다. 내 친구의 경우처럼 집을 제 발로 뛰쳐나가는 여자도 드물지 않게 되었다.

친구 마누라는 바람났던 남자와도 금세 헤어졌다고 들었다. 그래도 새로운 삶을 살겠다며 되돌아오지는 않았다. 그 여자가 말한 새로운 삶의 참뜻이 '한 남자로부터 벗어나 자유롭게 여러 남자를 만날 수 있는 삶'이 전부가 아니었으면 좋겠다.

얼마 전에 친구의 딸 결혼식에 다녀왔다. 신부의 어머니 자리에는 친할머니가 앉아있었다.

— 2009년 3월

건설이란

"건설이란 직업은 천지창조만큼이나 오래된 직업이지. 시원을 가늠할 수 없는 해와 달의 탄생도, 땅과 바다를 가르는 토목공사보다는 하루가 늦었다네. 아담으로 시작되는 인류의 탄생도 그보다는 3일이나 뒤져 있다네. 우스운가? 하기야 자네는 기독교도가 아니니까 성경말씀이 우습게 들리겠지. 하지만 기독교의 창조론이 아니더라도, 아주 오래전에 있었던 털북숭이 원시인류가 생존을 위해 땅굴을 파고 나무를 옮겨 세우던 행위 본능을 지금 우리가 '건설의 기원'이라 이름을 붙인다면 그것도 우스운 발상일까?

아주 오래전에는 땅굴을 파거나 나무를 잘라야 할 필요가 생기면 수요자가 모든 걸 직접 해결했어야만 되었지. 바로 수십만 혹은 수백만 년 전의 털북숭이 원시인들이 그랬다는 거야. 그러다가 오래전부터, 여기서 말하는 오래전이란 수만 년 전을 말하네. 땅을 파는 자와 나무를 자르는 자가 부락을 이루면서 슬며시 공동작업을 시작하게 되었네. 그리고 얼마 전부터, 여기서 말하는 얼마 전이란 수천 년 전을 말하네. 땅 파고 나무 자르는 도구만 전문적으로 만들어내는 대장장이가 생겨나고, 대장장이는 땅 파는 자와 나무 자르는 자에게 우월적인 거래를 강요하게 되었다네. 그러다가 근래에 들어서, 여기서 말하는 근래란 수백 년 전을 말하네. 대장장이는 불로 도구를 만들 뿐만 아니라 도구를 이용해 불을 만드는 방법도 알게 되었고, 땅을 파던 자는 물까지 끌어올리는 기술도 터득하게 되었네. 또한 나무를 자르던 자는 어느덧 쇠까지도 잘라내는 기적을 일으키게 되었다네. 현대에 들어서는, 여기서 말하는 현대란 20세기 이후를 말하네. 탐욕으로 몸집을 키운 대장장이는 제국과 강대국이란 간판을 내걸고 아레스의 하늘마차와 제우스의 벼락까지도 세일을 하고, 땅 파는 자와 나무 자르는 자의 연합은 바다에다 신천지를 세워 구름 위로 바벨탑을 쌓으며 기세를 올리고 있다네. 그들만의 창세기를 다시 쓰고 있는 중이지.

다시 말하자면, 아주 오래전이나 오래전까지는 도구를 만드는 자나, 땅을 파고 나무를 자르는 자는 한 사람이거나 가까이 있는 이웃들이었다네. 그러다가 얼마 전부터, 여기서 말하는 얼마 전이란 수천 년 전을 말하네. 도구를 만드는 자와 도구를 쓰는 자가 조금씩 나뉘게 되었고, 또한 근래에 들어서는, 여기서 말하는 근래란 수백 년 전을 말하네. 서로의 얼굴을 점점 알아보기가 힘들게 되었고, 현대에 들어서는 누군지 전혀 알 수가 없는 세상이 되어버렸다네. 단지 대장간의 이름brand만은 멀쩡히 남아있는데, 그것도 사실은 이름만 빌렸을 뿐, 진짜 대장장이는 누군지 알 수가 없게 되어버렸다는 걸세.

다시 말하지만 건설이란 직업은 천지창조만큼이나 오래된 직업이지. 이 세상에 수많은 종류의 직업이 생멸을 하지만 건설만큼 요원한 것은 없다네. 아무리 세상이 뒤바뀌어 대장장이가 갑자기 삽질을 하든, 땅 파던 자가 대장간을 차리든, 첨단이 아니라 첨첨단의 세상이 온다고 해도 첨단을 만드는 도구, 그런 도구를 만드는 대장간은 반드시 있어야만 하고, 대장간을 세우는 건설이란 직업은 피해갈 수가 없다네.

잠깐, 여기서 내가 정의하는 건설의 범위는 대장장이가 망치를 내려놓는 시점, 즉 대장간 굴뚝의 연기까지를 말함이네. 대장간 이후는 건설이 아닐세. 연기 이후는 생산능률이며, 손익계산이며, 가치관 충돌이며, 이념대립이며, 전쟁 모드mode이지. 그러니 비록 건설이란 명분을 앞세운 인간의 어리석음이 멀쩡한 바다를 메우고, 오만함으로 하늘을 찌르는 바벨탑을 세운다 하더라도, 어쩌겠나! 건설의 속성이 붙어서 넓히고 쌓아서 높여야 하는 것임을…. 그것을 한편 이렇게 생각하면 어떻겠나? 건설이란 때때로 소수의 자연주의자나 이상주의자의 꿈을 배반할 수는 있겠지만, 당초의 목적은 다수에게 행복을 안

긴다는 공리주의에 기초한다는 것을…. 마치 수만 년 되풀이되는 장강의 범람을 막기 위해 삼협댐을 건설한다지만, 강 주변의 자연은 파괴되고 수백만의 주민은 고향을 잃게 되고 삼국지의 전설은 영원히 수몰될 수밖에 없는 게 건설의 딜레마라네.

요즘은 더 안타까운 일이 벌어지고 있네. 신에 도전하는 인간의 능력을 만리장성만큼이나 넓게, 피라미드만큼이나 높게 대변하던 건설의 자존심이 무참히 바닥으로 굴러떨어져 버렸다네. 논바닥에 개구리가 줄어들고 밤하늘에 반딧불이가 사라진 이유가, LCD TV처럼 얇아진 얼음판에 북극곰이 미쳐가고 남극 펭귄이 죽어가는 이유가, 바다에는 개펄이 밤하늘엔 은하수가 사라지는 이유가, 강남 갔던 제비가 돌아오지 않는 이유가, 형님이 쟁기를 놓고 노가다판을 떠도는 이유가, 머리엔 전자파가 팔다리엔 중금속이 들어찬 이유가, 이런 모든 이유가 건설보국이라는 슬로건과 대장간 굴뚝의 시커먼 연기 때문이라는 거야…. 하기야 건설의 필수조건이 파괴라는 건—털북숭이 원시인류가 생존을 위해 땅굴을 파고 나무를 꺾던 행위부터—피할 수 없는 수순이고, 세상의 모든 움직이는 기계가 굴뚝 있는 대장간에서 만들어진다는 건 설명이 필요 없는 현실이고 보니, '인간답게'를 위한 자연파괴든 '인간의 편리'를 위한 최첨단이든 모두가 건설이 그 역할을 맡아 악명을 떨치기 마련인 거라. 결국 환경오염이나 지구온난화의 종범은 대장간이 되, 주범은 역시 건설이란 논리인 거라….”

윗글은 25년 건설현장에서 느낀 소회를 풀어놓은 현장소설의 일부다. 줄거리는 이렇다. 중동의 건설현장에서 ‘내 집 마련’을 위해 같이 땀 흘리던 입사동기 오 대리는 아내의 바람난 소식을 듣고 귀국했다가 그 길로 사라져버렸다. 20년이 흘러 여전히 건설의 업을 벗지 못한 소설의 화자인 ‘나’는 오지의 건설현장에 부임을 하게 된다. 우여곡절을 거듭하며 일하던 중 그곳에서 뜻밖에도 일용직 노무자로 들어온 머리가 희끗희끗해진 오를 다시 만난다. 나는 옛 친구와 가끔 어울리며 바람처럼 자유로운 오의 생활을 부러워한다. 윗글은 어느 날 술자리에서 친구가 건설에 대해 이야기하는 대목이다. 잠깐 머물렀던 친구는 떠나면서 아래와 같이 말한다.

“고향으로 가볼까 생각했는데, 안 되겠어. 고향에는 아직도 질긴 인연들이 많이 남아있어. 차라리 강화도로 들어갈까 해. 겨울잠 준비나 해야지. 겨울을 지낼 인삼밭이 남아있나 모르겠네. 친구는 이 일이 끝나면 어디로 가나? 친구도 모르겠지. 친구가 가야 할 곳을 아는 사람은 자신이 아니니까. 저번 술자리에서 친구는 내가 부럽다고 했지. 언제든 자유롭게 가고 싶은 곳을 갈 수 있으니까. 하지만 이건 알아둬. 자유로운 건 없어. 나도 사실은 자유롭지가 않아. 자유라는 건 시간이 만들어낸 그림자일 뿐이야. 피곤한 육신과 취한 영혼이 만들어낸 그림자가 자유롭게 보일 뿐이야. 그건 착각이네. 친구와 내가 다른 점은, 친구는 많은 일을 하기 위해 적은 시간에 쫓기고, 나는 많은 시간을 가지기 위해 적은 일을 찾아다니지. 친구는 자신이 일중독이란 걸 알고 있나? 일은 마치 알코올과도 같아. 매일 마셔야 하고, 부지런해야 하고, 늦은 밤까지 조금이라도 더 마셔야 하고, 쉬는 날도 없지. 그러면서 속으로 병이 드는 줄 알면서도 계속 마시게 되지. 술이 취해서 자신이 대단한 존재인 양 착각하고, 가족을 위해 일한다면서 가족과는 점점 더 멀어지고, 손에서 놓게 되면 어쩔 줄을 모르지. 친구여, 나치의 아우슈비츠에는 이런 구호가 적혀 있었다네. '노동이 너희를 자유롭게 하리라.' …소가 웃을 일이지."

술

포도주는 거만케 하는 것이요, 독주는 떠들게 하는 것이라. 무릇 이에 미혹되는 자에게는 지혜가 없느니라. (잠언 20:1)

인간은 절대로 숙취의 괴로움을 맛보는 일 없이 술을 맘껏 마실 수 있는 기회가 딱 한 번 있다. 그건 죽기 전날 밤 마시는 술이다. (세리시우스)

술을 처음 마신 건 열여섯 살 때였다. 질풍노도의 시기였지만, 그러나 아무것도 할 수 없는 아웃사이더의 신세였다. 절친했던 교회친구는 대학을 가기 위해 코피가 터지게 공부를 한다고 했다. 그러나 나는 용접 자격증을 따기 위해 퉁퉁 부은 눈으로 밤늦도록 용접봉을 녹여야 했다. 늦은 밤 학교에서 돌아와 용접 불똥에 녹아 구멍이 숭숭한 양말을 벗기도 전에, 익어버린 눈알에서 터져나는 고통으로 벽에 머리를 짓찧으며 '아이고! 하나님 아버지'를 불러댔다. 그러면 진짜 아버지는 찬물에 적신 수건을 번갈아 내 눈두덩에 올려 주시다가, 화난 소리로 맥주잔에 소주를 한 컵 따라 내 코밑에 들이미는 것이었다. 나는 소주 한 컵을 단숨에 마시고 쓰러져 잠이 들었다.

고등학교를 졸업하고 열아홉 살부터 시작된 객지생활이었다. 아버지 생전에 청년백수로 지낸 시간이나, 아버지 사후에 회사제복을 걸친 세월에도 내 몸은 고향에 있지 않았다. 결혼을 해서도 마찬가지였다. 왜냐하면 내 직업은 건설이었다. 전국을 떠도는 플랜트 건설이었다. 직장생활은 곧 객지생활이란 등식이 대부분의 내 인생에는 붙어 다녔다. 또한 객지생활은 곧 술판이었다. 더불어 개판이었다. 진화한 인간의 삶이라 말할 수 없었다. 왜냐하면 사람이 짐승과 구분되는 기본적인 틀이 의식주에 있는데, 나의 衣는 허구한 날 어두운 작업복 일색이며, 나의 食은 밥보다 술안주가 우선이며, 나의 住는 단지 술취한 몸을 눕히는 공간일 뿐이었으니, 어찌 보면 이런 영장류야말로 사람과 유인원의 중간체쯤으로 보면 틀림이 없겠다. 물론 동종의 직업을 가지고도 매일 깨끗한 옷으로 잘 갈아입고, 술 냄새조차도 거부하는 진화된 친구들도 많이 있다. 그렇다고 내가 그들에게 '당신은 짐승보다 사람에 가깝다'고 평을 하면 그들은 좋아할까, 화를 낼까?

봄이다! 그러나 봄은 바깥에만 있다. 연초록 풀잎 위로 쏟아지는 투명한 햇살에 있고, 아지랑이 물씬한 아스팔트에 있고, 여인들의 화사한 얇은 옷깃에 매달려 있고, 공중에 나풀거리는 각종 현수막에 묻어 있다. 뒷산 언덕바지에도 진달래 꽃물이 들기 시작했고, 아침을 깨우는 까치 소리도 점점 빨라지고 있다. 그러나 내 안의 봄은 거꾸로 추워지고 있다.

추위를 잊으려고 술을 마신다. 자정을 넘겨가며 마시다 술집이 마칠 때가 되어서야 일어선다. 취중패설과 고성이 무슨 호연지기인 양 함부로 떠들다가 마지못해 일어서는 것이다. 등 뒤로 술집 문은 지체 없이 닫히고, 빈 밤거리에서 날아온 장풍 같은 바람에 가슴 구멍이 뚫린다.

알고 있다. 볼펜으로 휘갈긴 싸인들, 외상장부에 술값이 쌓여갈 때마다 나를 쳐다보는 술집 주인의 불안하고 측은한 눈길을 알고 있다. 그런데 왜 마시는가? 태산 같은 학문의 위용에 주눅이 들어서인가. 감당하지 못할 지식욕을 삭히지 못하는 갈증인가. 그도 아니면 인생의 방향타를 제대로 잡지 못한 청년의 분노인가. 만약 이런 무절제한 술버릇이 애지愛知를 향한 가슴앓이 때문이라면 그럴듯한 변명이라도 될 것인가. 하지만 돌이켜 생각해보면 그것도 아니다. 그냥 의미 없는 술버릇일 뿐이다. 거슬러 올라가 이런 지경이 된 원인이, 어떤 아름답고 숭고했던 정열과 뜨거운 가슴의 냉각방법으로 시작되었다 하더라도 이제는 빛바랜 변명이요, 자기기만이며 당초의 숭고했던 동기마저도 더럽히는 탕자의 궤변이 될 뿐이다. 과연 나는 술을 끊을 수 있을 것인가. 과연 나는 이 봄에 봄을 맞을 수 있을 것인가?

윗글은 서른 즈음, 어느 화창한 봄날에 느끼는 내면의 추위를 슬퍼한 글이다. 술만 먹고 인생을 탕진하는 청년의 자기연민과 술을 끊고자 하는 소회를 담고 있다. 이 글을 쓸 당시에는 신용카드가 보편화되지 않았으니 단골술집마다 외상장부를 갖고 있었다. 월급날이면 누런 월급봉투를 가슴에 품고 의기양양하게 술집을 돌아다니던 기억이 새롭다. 외상값을 갚고 나면 주인은 서비스로 술을 조금 내놓고, 그 술에 다시 발동이 걸려 새 장부에 외상을 긋기도 했었다.

아무튼 서른 즈음, 이때도 술을 끊어야겠다는 의욕은 갖고 있었다. 술을 끊고 진보된 삶을 위해 공부를 해야겠다는 의식도 갖고 있었다. 하지만 마흔을 지나, 쉰이 되어도 여전히 술은 목젖을 적시고 있다. 술은 여전히 나에게 있어 현재진행형이다. 부끄럽지만 진보된 삶을 위한 갈증 역시도 현재진행형이다. 이렇듯 주력이 30년이 넘었지만, 1주일 이상 술을 끊어본 기억이 백수신세로 골방 단식을 할 때와 치질수술을 했을 때뿐이었으니 스스로 생각해도 경이로운 기록임에 틀림이 없다.

하지만 나 혼자만 술과 불변의 열애를 하고 있는 것은 아니다. 유유상종이라고 내 주변에는 술꾼들이 많다. 술이 보이면 들고는 가지 못해도 마시고는 가는 친구들이 다수다. 주력과 주량에 있어서도 나에 못지않은 열성파들이다. 모름지기 남자가 일생을 두고 이렇듯 한 가지 일에 집념을 가진다면 어떤 풀지 못할 화두가 있을 것이며, 옮기지 못할 산이 있을 것인가. 하지만 우리가 술로 쌓은 치적은 그저 술값과 지방간과 알코올성 치매와 황당한 에피소드와 마누라의 눈총뿐이니, 타인의 치하와 존경을 받기가 어렵다는 걸 인정해야만 되겠다.

달포 전에 고등학교 동기 다섯이 모인 적이 있었다. 정월 대보름이었고, 서해안의 독곶이란 황금산 자락의 바닷가였고, 자연산 가리비와 장어구이가 술안주였다. 멀리 서울서 달려온 친구도 둘이나 있었으니 보나마나 새벽까지 가야만하는 술자리였다. 그러나 한 시간 이상을 떠들었는데도 빈 소주병은 달랑 두 개뿐이었다. 그나마 한 병 이상을 내가 마셨으니, 얼마나 맥 빠진 술판이었겠는가! 그냥 계집애들처럼 달밤에 수다나 떨 바에야 차라리 목탁을 두드리든지 주기도문이나 외웠으면 죽어서 좋은 곳이나 소원해 볼 것을, 웬 쓸데없는 자연산 가리비에 장어구이란 말인가. 인간을 위해 술안주로 몸을 바친 생물에 대한 모욕이요, 술과 달을 친구와 하나로 본 이태백에 대한 예의가 도무지 아니었다. 한 친구는 술을 원래 못하고, 한 친구는 조금밖에 안 하고, 서울서 내려온 한 친구는 오늘따라 별로 마시고 싶지 않고, 본시 술고래였던 하나는 술을 끊었단다. 제기랄!

얼마 전에는 자칭 '술에 있어서는 형님'이라 자부하던 '이주

형'마저 술을 끊었다. 지난 연말에 한껏 빨아 당기다가 잠깐 혼백이 외출하는 경험을 했다는데, 의사가 큰일 날 뻔했다며 얼마나 겁을 주었는지 술을 한방에 끊어버렸다.

내가 그 안타까운 소식을 전해 듣고 '의사는 너에게 잔뜩 겁을 주고 자신은 매일같이 빨고 다닌다'며, 진정한 술꾼으로서의 지조를 세워 줄 것을 당부했으나 아직까지도 결심을 거두지 않고 있다. 며칠 전에 정홍석 교수의 딸 결혼식에서 만났는데 내가 보기에 꼴이 좋아 보이지 않았다. 검붉은 볼 색깔은 하얗게 바랬고, 반짝이던 눈은 광채를 잃었다. 그런데도 보는 사람마다 '술 끊고 나서 얼굴이 아주 좋아졌다'고 칭송을 해대니 내 눈이 의심스럽고 머리가 혼란스럽기만 하였다. 이제는 대리운전을 남편에게 맡기고 맥주 한 잔씩을 즐기는 주형이의 아내는 더없이 만족스런 표정이었다.

쉰이란 나이를 지천명知天命이라 했던가. 사람이 동물보다 우월한 이유를 음주가무에서 찾던 친구들이 하나둘씩 술을 떠나고 있다. 체력도 달리고, 필름도 자주 끊기고, 건강한 노후생활도 걱정되기 때문이란다. 집안에 사위나 며느리를 들이는 친구들은 품위가 떨어진다며 스스로 술을 피하고 있다. 비단 누구처럼 혼백 외출의 신비체험을 하지 않더라도, 술 끊었다고 자랑으로 외치는 친구는 늘어나고 있다.

한 달 전에 몸이 피곤하여 병원에서 종합검진을 받았더니 지난했던 술과의 고락이 곳곳에 상흔으로 남아있었다. 내시경검사가 끝나고, 마취가 덜 깨인 얼굴로 내과 과장실로 들어가니, 의사는 책상 위에 컴퓨터 칼라화면과 함께 X-ray 사진을 펼쳐놓고 손가락으로 짚어가며 잔뜩 겁을 준다. 특히 간과 쓸개 위에 동그라미를 쳐가며 심각한 표정을 짓는다. 200개가 넘는 물혹이 보인다는 것이다. 그중에 하나는 크기가 밤톨만 하다며 엄지까지 세워 보이는 것이었다. 마누라는 내 진즉에 이럴 줄 알았다며 옆에서 계속 쫑알거린다.

의사의 긴 설명이 끝나고, 나는 비틀거리며 일어서서 물었다. "제가 술과 친한 직업인데 조금씩 마시는 건 되겠습니까?" 의사는 잠시 미간을 찌푸리더니 "조금씩은 괜찮겠지만…" 하고 콧김을 내뿜는다. 다행히 내과의사는 주형이의 담당의사처럼 '절대'란 표현은 쓰지 않았다. 그래서 술은 여전히 나에게 있어 현재진행형이 되고 말았다.

그러나 알고 있다. 그때가 오고 있음을. 술과의 사랑을 그쳐야 할 때가 되었음을, 사랑하기에 헤어져야 한다는 것을….

요즘 대한민국 남자의 평균수명이 79세라는데, 그래서 요즘 중년들의 관심이 적당한 운동, 몸에 좋은 식사, 건강한 생활습관이라고 주문처럼 외고 다닌다는데, 나만 별천지에 떨어진 이태백처럼 62세까지 살아도 상관없다는 듯이 살고 있으니, 나보다도 한참 젊은 마누라가—참고로 여자의 평균수명은 83세라고 한다—스무 해 넘게 독수공방(?)할 수도 있다고 생각하니 정말 미안하고도 안타까운 마음이 일어난다. 솔직히 나 혼자서야 79세까지 살 마음도 없지만, 마누라를 봐서라도 62세 인생마감은 너무하다는 생각이다. 그리고 남들 다 오래 사는 세상을 굳이 돈까지 써가며 빨리 떠난다는 것도 정상이 아닌 것이다. 그래서 결심을 했다. 술과의 사랑을 그치겠다고, 사랑하기에 잠시 헤어지겠다고….

결심의 내용을 요약하면 이렇다. 한 40년 가까이 마셔댔으니 한 40일은 완전히 끊고—예수, 간디는 단식이 40일이었다—주독을 털어내는 운동을 열심히 한다. 그 다음부터는 酒日을 정해놓고 1주일에 한 번 정도만 마시기로 한다. 적어도 지금처럼 외롭거나 심심하다고 마시는 일은 없어야 한다. 마시지 않겠다는 사람을 억지로 끌어내어 술을 사는 바보짓도 중지되어야 한다. 고기만 보면 제사상 차리듯 술병을 찾는 버릇도 고쳐야 하며, 마셨다 하면 2, 3차를 옮겨 다니는 버릇도 고쳐야 하며, 소주 맥주 막걸리 양주를 하룻밤 사이에 두루 짬뽕하는 버릇도 없애야 한다. 결정적으로, 대취한 다음 날의 해장술 버릇만은 절대 버려야 한다.

이런 결심을 설명하자, 마누라는 고개를 주억거렸다. 그런데 감격한 표정이 아니다. 미심쩍은 표정이다. 하기야 내가 술로 마누라에게 믿음을 준 적이 한 번도 없었으니 그럴 만도 하다. 그래서 속에 담아놓았던 말을 풀어놓았다. 마누라는 내 말을 그럴듯하게 들었는지 가까스로 승낙을 했다.

"정말 결심한 대로 실천할 수만 있다면 그리 하시오."

그리고 한숨까지 내쉬었다. 내가 마누라에게 한 속말을 줄이면 이렇다.

"나, 회사 그만두고 좀 쉬고 싶어. 오랜 객지생활에 지쳤어. 휴식과 건강이 절실히 필요해. 나보다 마누라를 위해서라도 내가 오래 살아야 되지 않겠어?"

회사를 그만두고 쉬고 싶다는 50대 중반의 가장을 용서한 아내에게 감사의 키스를 보낸다. 정말 환골탈태의 각오로 향후 30년을 당신만을 사랑하며 마당쇠 정신으로 충성을 다할 것을 굳게 맹서합니다!

30대 젊은 시절, 책상 위에 붙여놓고 경구처럼 아침마다 외우던 글이 있었다. 다산 정약용이 유배지 강진에서 서울의 작은아들에게 보낸 편지의 일부였는데, 매일 아침마다 작취미성의 풀린 눈알로 후회와 각오를 반복하게 하던 글이었다.

네 형이 여기에 왔기에 술을 주었더니 한 잔을 마시고도 취하지 않더구나. 그래서 물어보니 너의 주량은 형의 배도 넘는다더구나. 어째서 글공부는 애비를 따르지 못하면서 술만은 애비보다도 더 하느냐. 나는 아직까지 한껏 술을 마셔본 적이 없어서 나의 주량을 모른다. 태학생 시절에 대궐에 입시했다가 옥필통에 가득히 따른 독한 술을 하사받은 적이 있었다. 그때 마지못해 마시면서 마음속으로 '나는 이제 죽었구나' 하고 생각했다. 또 한 번은 춘당대에서 임금님을 모시고 시험관으로 참석했을 때에 큰 사발로 한 그릇씩 맛있는 술을 하사받았다. 다른 이들은 몹시 취하여 엉뚱한 데다 절을 하거나 여기저기 엎어지는 등 인사불성이었지만 나는 시험지를 다 읽고 성적을 착오 없이 모두 매긴 다음 물러나올 때가 되어서야 약간 취했을 뿐이다. 이런 나지만 반 잔 이상 마시는 것을 본 적이 있느냐.

참다운 술의 맛은 입술을 적시는 정도에 있는 것이다. 소가 물을 마시듯 술을 퍼마시는 이들은 입술이나 혀는 적시지도 않고 곧바로 목구멍으로 들이부으니 무슨 술맛을 안다고 하겠느냐.

— 2011년 3월

담배

요즘 담배를 끊어보겠다고 전자담배를 피우는 남자들을 자주 보게 된다. 진짜 담배와 유사한 흡입행위와 연기가 있어 대리만족을 느끼게 되는 모양인데, 전자담배를 휴대하지 않고도 흡연으로부터 자유로울 수 있는지는 의문이다. 실제로 전자담배를 6개월 사용하여—그동안 진짜 담배는 전혀 피우지 않고—금연에 성공했다고 자신만만하던 한 친구가 근래에 말랑말랑한 진짜 담배를 피우다가 나에게 들켜 썩은 웃음을 보내온 적도 있었다.

며칠 전에 같은 건설현장에 계시는 분이 '왜 전자담배로는 금연에 성공할 수 없다고 보는지'를 내게 물었다. 나는 이런 논리를 내세웠다. 참고로 나는 담배를 끊은 지 30년이 되는 사람이다.

사람이 흡연을 하면, 담배에 있는 니코틴을 포함한 독성물질이 환각작용을 일으켜 일시적인 해방감을 느끼게 된다. 이런 해방감이란 착각이 자주 반복되면 중독이 되고, 중독이 오래 되면 흡연의 양도 따라서 증가하게 된다. 그러나 대부분의 사람들은 흡연의 이유가 정신이 잠시 몽롱해지는 해방감 때문이라고 알고 있는데, 비단 흡연 습관의 이유는 몽롱한 해방감뿐 아니라 모성 회귀의 본능도 숨어있다는 걸 알아야 한다. 손가락과 입술 사이에 지그시 물리는 말랑말랑한 담배 필터의 촉감이 바로 그것이다. 담배를 지그시 물면 흡사 어머니의 젖꼭지를 무는 듯한 유아기적 본능이 살아나는 것이다. 또한 아기가 모유를 빨듯 담배를 거푸 빠는 행위도 무의식적 모성 회귀의 한 수단이며, 연기를 뿌옇게 내뿜어 시야를 가리는 것도 어머니의 뽀얀 가슴에 얼굴을 묻었던 유아기의 잠재된 추억 본능이다. 그런데 어떻게 굵고 딱딱한 플라스틱 담배를 입술에 물고 연기만 조금 내뿜었다고 장시간 몸에 배인 욕구가 해소될 수 있다고 생각한단 말인가. 심지어 어떤 골초의 담배꽁초를 보면 침이 흥건하고 이빨 자국마저 요란한 경우가 있는데, 만약 이런 변태성향의 골초가 금연을 한답시고 전자담배를 물게 되면 머잖아 이빨 빠진 개구리 입이 되어 금연에 성공할 수는 있을 것이다.

요즘 담배는 내가 보기에 30년 전에 피우던 담배보다 굵기가 많이 가늘어졌다. 두 종류의 담배가 있는 것으로 알고 있는데, 직접 재어보니 하나는 8mm이고 다른 하나는 5mm 정도다. 이

중 굵기가 8mm인 담배가 보편적인 것으로, 이 사이즈가 성인 여자들 유두 크기의 평균값인 것이다. 그럼 5mm는 어떻게 생겨났는가? 비흡연가인 나는 그분에게 다시 설명을 시작했다. 참고로 내가 알고 있는 여자 젖꼭지의 기억이란 모두 네 개밖에 안 되는 남자다. 엄마와 아내!

살림살이가 빠듯했던 1970년대까지 우리들의 어머니는 작게는 서너 명, 많게는 칠팔 명의 자식들을 생산하셨다. 그래서 우리 어머니들은 주린 배를 채우려는 어린 자식들에게 무시로 시달림을 받았다. 자연히 아이들의 황구에 시달린 젖꼭지는 검고 커지게 마련이었다. 처녀시절 석류알 하나만큼이나 조그맣던 젖꼭지는 자식을 네 명쯤 키우고 나면 버찌만큼 커지고, 자식이 여덟쯤으로 늘어나면 그 크기가 방울토마토만큼이나 되었으니, 자식을 위해 여자로서의 아름다움을 희생한 어머니의 사랑은 참으로 위대하다 하겠다.

잠시 말이 옆으로 새지만, 대한민국은 88올림픽과 2002월드컵을 거치면서 여러모로 많이 바뀌었고 세계에 유례가 없는 경제발전을 이루었다. 그중에서도 실감이 큰 것은 먹을거리다. 암만 살기가 힘들다고 아우성을 쳐도 주위에 굶어 죽는 사람은 없는 나라가 대한민국이다. 방송국에서 마이크만 갖다 대면 IMF 때보다 살기 힘들다고들 말하지만 그만큼 삶의 눈높이가 높아진 것도 사실이다. 50년 이상이나 부동이었던 '25'라는 소주의 알코올 도수가 '19'까지 내려가고, 기름값이 비싸다고 데모를 하면서도 주말이면 고속도로가 주차장으로 변하는 작금이다. 주말 연휴나 여름 휴가철이 시작되면 국제선 공항은 살기가 힘든 제 나라를 떠나려는 서민들로 그야말로 북새통이다. 내 주변에서도 루이비똥이니 비엠따블류니 하는 외제품을 심심찮게 볼 수 있고, 막걸리 등산보다는 맥주 골프모임이 점점 더 늘어나는 추세다.

이렇듯 세상이 온통 앞을 다투어 변하는데 담배 맛인들 왜 변하지를 않겠는가. 색다른 맛을 찾는 건 당연한 추세라 하겠다. 그런데 왜 하필 직경 5mm가 담배시장을 양분하게 되었는가? 나의 설명은 계속 이어졌다. 참고로 나는 주말이나 연휴에도 건설현장을 지키고, 골프보다는 산책을 훨씬 더 좋아하는 사람이다.

우선 자식을 일고여덟씩 키워 방울토마토 같은 젖꼭지를 양가슴에 훈장처럼 달았다는 前前세대의 전설을 웃음거리로 아는 가치전도와, 자식을 서넛씩 낳아 오로지 자식만을 위해 헌신한다는 前세대의 엄마들을 '진화하지 못한 꼬리뼈' 정도로 평가절하하는 워킹우먼들의 오만과, 중성화되어 가는 현대 남성들을 쳐다보는 현대 여성들의 비소와, 자유로움과 아름다움의 유지를 위해 가정이란 울타리를 거부하는 만혼 세태와, 딩크족 · 섹스리스 부부 등등. 이런 미증유의 사태들로 인해 현대 여성들의 젖꼭지는 도무지 버찌만큼도 커질 수가 없는 것이다. 그러니 형제 혹은 외동이 대부분인 현대의 남성들 역시도 위대 거대한 어머니의 젖꼭지를 만날 행운이 도무지 없는 것이다. 또한 그러니 제대로 된 젖가슴을 만나보지도 못하고, 여자친구의 가슴을 도둑질하거나, 결혼하여 공인된 아내의 가슴을 사랑한다고 하여도 머릿속에 머무는 유두의 크기는 완두콩 정도에 머물 수밖에 없는 것이다. 바로 이러한 원초적인 인식의 한계가 선호하는 담배의 굵기를 점점 가늘게 하는 원인이 된다.

만약 공상소설이나 영화 속의 미래처럼 남자와 여자가 삶터를 각기 따로 하게 되고, 신생아의 모태가 어머니의 몸이 아닌 기기機器가 된다면, 아마도 여자의 젖꼭지는 점점 퇴화하여 남자의 그것과 크기가 같아질 것이며, 여자의 젖가슴 전체의 크기가 옛날 어머니의 방울토마토 정도가 되지 않을까 추측을 한다.

설명을 다 들은 그분은 머리를 갸우뚱거리며 담배 한 갑을 한자리에서 모두 피운 듯한 표정으로 자리를 떴다.

참고로 2009년 통계로 국내 흡연 예측 인구가 800만 명이란다. 흡연으로 인한 간암 폐암 사망률은 흡연자가 비흡연자보다 열 배가 되며, 하루 두 갑 이상 피우는 사람은 스무 배가 된단다. 그러니 모임에서 담배연기로 주위의 맑은 정신과 간폐를 어지럽히는 친구들은 제발 각성하기를 바란다.

– 2011년 4월

오뎅

겨울의 문턱, 입동을 지나 날씨가 조금씩 추워지고 있다. 이맘때 사람들은 아침부터 따끈한 국산차나 커피를 즐겨 찾는다. 저녁 퇴근 무렵이면 김이 모락모락 올라오는 국물 안주에 소주 한 잔의 유혹을 쉽게 뿌리치기가 힘든 요즈음이다.

'국물!' 하면 떠오르는 '오뎅'도 겨울의 대표적인 안줏거리다. 오뎅 대신 '어묵 꼬치'라는 우리말로 순화해야 한다지만, 오랜 세월 관습어가 되어버린 까닭에 쉽게 고쳐지지가 않는다.

나는 '오뎅' 하면 떠오르는 잊지 못할 추억이 있다. 대개의 추억 속에는 가난하고 힘겨울 때의 기억을 아름다운 쪽으로 해석해 보려는 보상심리가 잠재해 있을 것이다. 나의 추억도 그런 범주를 넘어서지는 못한다.

1982년 가을이었다. 아무래도 대학을 나와야겠다는 오기로 잘 다니던 대기업을 그만두고, 부산 송도의 버스종점 부근에 쪽방 하나를 얻어 이판사판으로 공부를 시작했다. 하지만 고등학교 졸업 7년 만에 잡은 맹진猛進 공부가 대학입학의 영광을 보장해주는 것은 아니었다. 대입 고사장을 걸어 나오면서 벌써 낙방의 예감에 빠지고 말았다.

퇴직금은 초반에 이미 당겨썼고, 취직은 되지 않고, 친구에게 빌린 돈도 금세 바닥이 났다. 도무지 아무것도 할 게 없는 암울한 나날이었다. 해가 바뀌어 1983년이 시작되어도 변화의 조짐은 아무것도 없었다. 일자리를 알아보러 다닐 차비마저도 떨어졌다. 그렇다고 친구에게 또 돈을 빌릴 수는 없는 일이었다. 궁한 나머지 미련한 머리로 생각해낸 것이, 내 의지도 실험할 겸 이번 기회에 한 번 굶어보기로 작정을 했다. 며칠간의 준비를 거쳐 마침내 곡기穀氣를 완전히 끊었다. 그리고 수돗물과 공기만 마셨다. 첫날과 둘째 날이 조금 힘들었지만 그다음부터는 별다른 고통도 느끼지 못했다. 책 읽고 잠만 자는 나날이었다.

5일간의 단식이 끝나고 죽으로 식사량을 조금씩 늘려가던 사흘째 되는 날이었다. 회복기에 조심해야 한다고들 말했지만, 남포동에서 친구들이 술판을 연다는 반가운 소식이 왔다. 도저히 앉아만 있을 수가 없는 일이었다.

안주가 돼지고기인지, 닭고기인지는 기억이 확실하지 않지만, 허기에 허덕이던 내 위장은 빵빵해질 때까지 고기를 끌어

당겼고, 2주간이나 술과 생이별해야 했던 내 혀는 미녀의 촉촉한 입술을 만난 듯 소주잔을 마구 빨아대었다.

막차 시간이 되어 술판이 끝나고 친구들과 헤어질 즈음, 나는 주머니 속을 더듬고 있었다. 버스비가 모자랐다. 버스비 좀 빌려달라는 말을 차마 하지 못하고 미적거리다 친구들을 모두 놓쳐버렸다. 나는 걷기 시작했다. 남포동에서 송도 버스종점까지 한 시간여를 걸었다. 술 취한 걸음으로 노래를 불렀다.

"낙엽이 우수수 떨어질 때 겨울의 기나긴 밤 어머님하고 두울이 앉아, 옛이야기 들어라…."

나의 단식은 무절제와 식탐으로 인해 실패를 하고 말았다. 소위 경험자들이 말하는 단식 후의 효과를 조금도 느껴보지도 못했다. 그래도 누군가의 입에서 단식 이야기가 나오기만 하면 슬며시 고개를 들이미는 것이다.

이제 오뎅 이야기를 하련다. 이런 나의 쪽방 시절에 행운(?)이 있었다면, 방문을 나서 3분 거리의 버스종점에 밤마다 야식을 파는 포장마차가 섰다는 것이다. 이 포장마차는 밤 열한 시가 넘으면 전을 거두었는데, 이때를 맞춰 냄비를 들고 찾아가면 500원으로 냄비 가득히 남은 오뎅을 담아올 수가 있었다. 물론 오뎅은 팅팅 붇고 맛은 빠져버렸지만, 양은 푸짐했고 소주 안주로는 최고였다. 무와 다시마도 별미였다. 간혹 친구라도 찾아오는 날이면 나의 유일한 대접거리는 그 오뎅이었다.

그해 봄 어렵사리 울산에 취직자리를 구해 떠난 후로 먹고사는 일에 힘쓰다 보니, 그곳을 다시 찾을 만한 시간을 갖지 못했다. 그 후 10년이 훌쩍 지난 어느 겨울 힘든 때에 혼자 송도를 찾은 적이 있다. 버스종점은 아직 있었지만 주변은 몰라보게 달라졌고, 나의 쪽방 자리에는 큰 건물이 들어서 있었다. 그러나 밤이 되어도 포장마차는 서지 않았다.

세상은 유기체다. 끊임없이 변화하고 진화하는 것이 세상이지만, 가끔은 좀 천천히 바뀌었으면 좋겠다는 자리가 있다. 바쁘게 돌아가는 세상의 일이 개인의 욕심과 같을 수는 없겠지만 과거를 돌아볼 줄 아는 인간이니만큼 어찌 아쉬움이 없겠는가. 과거를 반추하는 데 시간을 많이 쓰는 나이가 돼버린 탓도 있을 것이다.

갑자기 오뎅이 먹고 싶다. 팅팅 불은 놈으로….

조영남을 읽다

'영남이' 하면 떠오르는 인물이 있다. 바로 8, 90년대의 인기 TV드라마 〈전원일기〉에 나오는 김 회장(최불암)의 손자이자, 일용 엄니(김수미)의 손녀인 복길이(김지영) 남편이 영남(남성진)이다. TV 속에서 영남이는 복길이와 연애를 하더니 실제로도 부부가 되어 전원 향수에 목말라하던 시청자들의 박수를 선물로 받았다.

그런데 암만 봐도 남성진은 양촌리에 어울리는 외모가 아니다. 그는 태생부터가 세련된 도회적인 외모다. 그보다 훨씬 농촌스럽고 된장 냄새 물씬한 외모의 영남이는 따로 있다. 바로 〈불 꺼진 창〉, 〈화개장터〉, 〈모란동백〉이란 노래를 부른 가수 조영남이다. 그는 친구 따라 거름 지고 장에 놀러온 듯한 토속적인 외모와 버벅거리는 말투로 대중에게 묘한 편안함을 선물하는 사람이다.

그런데 이런 만만하게 보이던 조영남이가 어느 날부터 위대해 보이기 시작했다면 친구들은 아마도 나를 알코올성 치매나 음란물 과다시청으로 인한 뇌손상을 의심하고 들 것이다. 그래서 나는 해명을 해야 한다. 조영남이 만질수록 커지는 남자의 물건처럼 생긴 것과는 다르게 상대를 지적인 쾌락으로 흥분시키는 재주가 있다는 것을 설명해야만 한다. 그가 노래 잘하는 가수라는 건 말하고 싶지도 않다. 이미 남이 다 아는 이야기니까.

처음 잡은 조영남(이하 '조'라고 줄임)의 책은 『예수의 샅바를 잡다』였다.

아아, 이 무슨 불경인가! 예수의 샅바라니. 그러고 보니 나에게는 조의 미국 신학대학교 졸업과 목사 자격이라는 믿기지 않는 소문의 기억이 있었다. 그런 이력을 가진 조가 어떻게 예수의 샅바를 잡게 되었는지, 왜 샅바를 잡았는지가 궁금했다.

나는 처음 몇 장을 넘기지 않아서 조가 종교에 있어서는 나와 같은 과科라는 걸 눈치챘다. 예수의 존재를 의심 없이 홀랑 다 믿느냐, 아예 안 믿느냐의 두 가지 선택에서 조는 '좀 깎아서 믿는 쪽'으로 갔다고 썼기 때문이다. 조의 '좀 깎아서 믿는다'는 표현은 예수를 인정은 하되 (비록 사람의 잣대이긴 하나) 이성과 상식의 눈으로 이해하겠다는 설명이다. 볼트만의 주장대로 신화적인 속성—천사, 별의 인도, 처녀 임신 등등—을 제거하자는 주장과 상통한다고 본다.

나도 어렸을 때는 조처럼 기독신앙에 적극적인 집사님을 어머니로 두고 있었다. 나는 영어로 'GOD'라는 단어도 모르는 어머니가 밤마다 국적불명의 외국어로 장시간 기도하는 소리를 들으며 잠이 들곤 했었다. 중학교 때 한 부흥회에서 목사님께 저게 도대체 어느 나라 말이냐고 물었더니 '히브리' 방언이라고 했다. 히브리는 아주 먼 옛날의 이스라엘이라고 했다. 그러니 밤마다 이런 불가사의한 접신을 보고 들은 내가 어떻게 신의 존재를 부정할 수 있었겠는가. 나는 영어나 불어 방언이 하고 싶어 부지런히 교회 문턱을 들락거렸다. 그런 교회 걸음이 뜸해진 것은 어머니의 사별 이후였고, 끊어진 것은 고등학교 졸업 이후였다.

건방지게도 스무 살이 되자 조금씩 신의 존재에 의심의 낚싯바늘을 달기 시작했다. 아버지마저 돌아가시자 기독교를 부정하는 데 두려움마저 사라졌다. 밤마다 주신酒神을 접견하고 기독교를 안주상에 올리기도 했다. 하지만 여전히 신은 뿌리칠 수도 도망갈 수도 없는 그림자 같은 존재였다.

그러다가 내 사고의 기저에 의심과 기대로 숨어있던 신앙의 형태가 오래전에도 있었다는 사실을 우연히 알게 되었다. 바로 초대교회 시절에 이단으로 몰렸던 '아리우스'였다. 알렉산드리아의 사제였던 아리우스는 예수를 신과 인간 사이의 중개

역할을 위해 창조되었다고 주장했다. 말하자면 예수(성자)나 사람이나 모두 하나님(성부)의 한 피조물이라는 것이다. 나는 이 주장에 동감했다. 왜냐하면 예수는 죽은 나사로를 살려내는 기적을 행하지만, 정작 자신의 죽음은 피해 가지를 못했다. 십자가의 고통을 겪으면서도 '아버지의 뜻대로' 순종을 다하였다. 이렇게 보면 예수의 격은 반신半神의 모습이 아닌가?

책을 읽으며 알았지만 예수가 신이 아니라 사람이라는, 성서 속에서 신의 역할만큼 그냥 사람의 역할도 중요하다는 주장을 처음으로 편 사람이 슈바이처 박사라는 사실에 깜짝 놀랐다. 어떻게 내가 슈바이처와 비슷한 생각을 할 수 있었다니!

서기 325년 니케아 종교회의에서 공식적으로 예수의 신성을 부정하는 것은 금지되었다. 반대파는 추방되거나 처형되기까지 했다. 그러나 21세기 한국 땅에서 나는 감히 예수를 신격이 아닌 인격으로 존중하고 싶다. 내가 그리고 싶은 예수의 모습은 인간적인 모습이며 '인간적'이란 단어에 함의된 친근함에서 '신적'이 주는 위압을 벗어나 인간적인 위안을 받고 싶은 것이다.

한편, 조는 열두 번째 챕터에서 예수의 오병이어五餠二魚 기적을 다루었다. 이른바 보리떡 다섯 개와 물고기 두 마리를 가지고 5천 명의 군중을 먹였다는 기적이다. 조는 이렇게 썼다.

'나는 이것이 옛날 사람들 특유의 과장법적인 습관에 의해서 쓰여진 작품이라고 믿기 때문에 크게 고민하진 않는다. 노래를 부르는 가수의 입장에서 본다면 도대체 오디오 시설은커녕 약장사 마이크도 없었던 시절에 무슨 재주로 평평한 들판에 무질서하게 둘러앉은 5천 명을 상대로 설교를 했겠는가. 글쎄, 떡 한 덩어리도 금방 수천 덩어리로 뻥튀기하듯 기적을 일으키는 판에 그까짓 목소리 크게 확성하는 것쯤 못 해냈겠느냐 하면 할 말이 없다.'

그러면서 지극히 보수적인 미국 신학대학에서 겪었던 기적의 당위에 대한 공부 과정을 풀어놓고 있다. 물론 믿을 수 없다는 투다. 『삼국유사』, 『조선 무속고』를 비롯해 기사이적이라고 전해지는 온갖 유형을 들이대며 모두가 과장, 허풍이라고 정리한다. 운기 조절을 하며 귀신도 본다는 김도향의 이야기에서는 웃음을 참을 수가 없다. 그리고 이런 글도 썼다.

'이런 마술과 같은 기적에는 예수를 하나님과 동격으로 보이게 하려는 기록자들의 의도가 역력히 드러난다.'

맞는 말이다. 니케아 이후 예수는 천지창조의 하나님과 동격이 되었으니 이런 정도의 기적은 가끔 일어나야 균형이 맞는 것이다. 그러나 나는 오래전에 옆집에 살던 가톨릭 아줌마(윤성호 엄마)가 해준 이야기가 더 인상적이다.

"어느덧 밥때가 되었어요. 하지만 아무도 일어나지 않았지요. 광야에 모인 사람들은 예수님의 말씀을 더 듣고 싶었어요. 어떻게 할까, 예수님은 회계를 돌아보았어요. 회계는 두 손을 펴들어 준비된 게 없다는 시늉을 했어요. 예수님은 무리를 돌아보며 오늘 설교의 마무리를 지어야겠다고 생각했어요. 네 이웃 사랑하기를 네 몸과 같이 하라…. 그때 한 소년이 일어나 광주리를 들고 쭈빗쭈빗 예수님 앞으로 다가왔어요. 광주리 속에는 보리떡 다섯 개와 물고기 두 마리가 들어있었지요. 예수님은 소년의 머리를 쓰다듬었어요. 그리고 먼 구석자리에 있는 앉은뱅이를 가리키며, 갖다 줄 수 있겠냐고 물었어요. 소년은 제 엄마를 한번 돌아보고는 자랑스럽게 고개를 끄덕였어요. 예수님은 광주리를 들고 소년과 같이 구석자리로 걸어갔어요. 예수님이 다시 제자리로 돌아왔을 때 발밑에는 음식이 담긴 열 개의 광주리가 놓여 있었어요. 예수님이 병자와 거지들에게 고루 음식을 나누고 다시 돌아왔을 때 광주리는 스무 개로 늘어났고, 나귀 등에 음식을 싣고 무리를 향해 찾아오는 사람의 행렬이 줄을 지었어요. 음식은 5천 명이 먹고도 남을 정도였어요."

어느 쪽이 더 감동적인가? 우리가 예수로부터 기적을 바라기보다, 인간적인 위안을 받고 싶은 이유가 여기에 있는 것이다.

조는 열세 번째 챕터에서 내가 한 번도 생각해보지 못했던 세례 요한과 예수의 서열을 짚었다. 『삼국지』를 보면 적벽대전에서 제갈공명이 조조의 머리를 가져오지 못한 관우를 문책하며 서열을 정리하는 대목이 나오는데, 성경에서 요한은 예수가 나타나자 '나는 이분의 신발끈도 맬 자격이 없다'며 겸손했다고 한다. 예수 출현 전까지는 유대인 사이에서 한동안 메시아로 받들어졌던 세례 요한이었다. 조는 은근히 요한의 위상이 예수에 비해 상대적으로 평가절하된 것을 말하고 싶었는지도 모른다.

열다섯 번째 챕터의 제목은 '내가 누구냐? 너는 누구냐?'다. 조영남 특유의 익살이 마구 묻어난다. '나도 사실 천국행 티켓이 탐난다. 그러나 나는 그 티켓이 왕복편이 아니고 편도라서 (예수가 누구라고 생각하느냐는 질문에) 지금도 어떤 방식으로 대답할까 눈치를 보고 있는 중이다'라는 대목은 익살의 백미다. 하지만 조의 속마음을 정리하면 이렇다.

'도대체 천당이란 어떤 곳인가. 그곳엔 사랑의 기쁨이, 섹스의 즐거움이, 조니워커의 톡 쏘는 맛이 있는가. 이런 즐거움이 없는 천당이라면 공짜로 들어오라고 해도 사양하겠노라.'

일찍이 마크 트웨인이 한 말이다.

열여섯 번째 챕터를 읽다보면 조의 종횡무진 달리는 지식의 발품이 어디까지 갔는지를 알 수 있다. 특히 단군교의 창시자 나철을 높이 평가한 부분에서는 학계의 평가에 기대거나 눈치를 보지 않는 독보적인 철학을 읽을 수 있다.

열일곱 번째 챕터에서는 안중근이 하얼빈 역으로 향한 이유와 대비하여 예수의 예루살렘 입성의 이유를 따진다. 고향에서 죽어야 하는 성서적 각본과 동족 · 동료로부터 배신당해야 사건을 극적으로 키울 수 있다는 계산된 행동이라는 지적이다.

열아홉 번째 챕터는 예수의 재판 과정이다. 조는 무기력한 예수와 동족 유대인의 배신에 반하여 빌라도의 '예수 살리기' 고군분투를 다루었다. 내가 어릴 때 교회에서 매번 외우던 사도신경에는 '(예수 그리스도는) 성령으로 잉태하사 동정녀 마리아에게 나시고, 본디오 빌라도에게 고난을 받으사 십자가에 못박혀 죽으시고…'라고 되어 있다. 이렇듯 본디오 빌라도는 가롯 유다와 함께 예수를 죽인 원흉이 되어 세세토록 저주받는 이름이 되었다. 조는 예수를 유대인이 죽였는지 로마인이 죽였는지 불분명하다고 썼다가, 다시 역사적으로는 로마이고 종교적으로는 유대인이라는 조 나름의 '무난한' 대답을 내놓는다.

오래전에 보았던 연극 〈빌라도의 고백〉 역시 예수의 죽음이 로마 총독 빌라도에 있지 않음을 보여준다. 많은 사람들이 빌라도가 아니라고 생각하는데도 예수를 죽인 유대인들은 자신들의 잘못을 교묘하게 빌라도에게 떠넘겨버렸다. 사도신경은 고쳐 써야 한다. 종교개혁가 존 녹스의 분석까지 붙여 다섯 차례의 재판과정이 복음서 기록자들에 의해 희극戱劇성이 가필되었다고 설명한 부분은 중시해 볼 대목이다.

스무 번과 스물한 번째 챕터는 예수의 죽음과 부활을 다루었다. 부활은 기독교 신앙의 핵심이다. 예수가 비록 십자가에서 무력하게 죽는 듯했지만 다시 살아남으로써 로마제국으로 대변되는 지상의 권력이 얼마나 무력한 것인가를 역설적으로 보여준 사건이다. 예수는 부활 이후 한동안 지상에 머물다 하늘나라로 올라간다. 의외로 조는 이 중요한 장을 너무 짧게 다루었다. 조는 '너무나 기상천외한 사건이라 할 말을 잃게 된다'고만 썼다.

나는 『예수의 샅바를 잡다』를 읽고 엔도 슈사꾸의 『예수의 생애』를 다시 읽었다. 20년 만이다. 엔도는 성서에 쓰여진 예수의 생애는 진실이긴 하나 사실대로 쓰여졌다고는 말할 수 없다고 하면서, 이와 같은 성서 속의 사실과 창작을 구분할수록 '개인 예수의 모습은 점점 우리에게서 멀어진다'는 볼트만의 절망적인 소회를 소개한다. 조자룡 헌칼 쓰듯, 종횡무진 내달리던 조영남의 글이 신약성서의 가장 중요한 대목에서 할 말을 잃게 된 것도 이런 감상과 무관하지 않다고 본다. 그러다보니 나도 어느새 '기독교 신앙의 중심이 그런 신화적인 곳에 있지 않다'고 주장하는 볼트만에 공감을 하게 된다.

기왕에 『예수의 생애』를 이야기했으니 혹시 조가 놓친 부분이 있을까 저어하여 사족을 조금 달아본다. 예수의 죽음 장면에서 조가 제시한 의문은 허다하다. 왜 예수는 힘없이 십자가형을 당해야 했나? 왜 열성 제자들은 도망을 갔나? 기적을 체

험했던 5천 명의 군중들은 모두 어디로 갔나? 등등. 그런데 십자가에서의 절규 '나의 하나님, 나의 하나님, 어찌하여 나를 버리셨나이까(마태 27:46)'에 대해서는 언급이 없다. 내가 이 글의 처음에 얘기했듯이 예수의 격은 반신半神이 아니냐는 내 의심병의 출발도 여기부터였다. 어떻게 신이 이다지도 무력할 수가 있단 말인가?

그런데 예전에는 미처 깨닫지 못했던 엔도의 해석을 이번에 발견했다. '나의 하나님, 나의 하나님, 어찌하여 나를 버리셨나이까'는 일반 사람들이 생각하듯 아버지 하나님에 대한 예수의 고통과 슬픔, 절망과 애소가 담긴 말이 아니라는 것이다. 구약의 시편 22편의 1절에는 토씨 하나 틀리지 않고 '나의 하나님, 나의 하나님, 어찌하여 나를 버리셨나이까'라고 적혀 있다. 이 시는 실질적인 이스라엘 왕국의 개조라는 다윗 왕이 쓴 시다. 즉 유대인이라면 누구나 암송하는 시이며, 당시에 처형장에서 유대인들이 죽기 전에 외는 절명시絕命詩의 하나라는 것이다. 따라서 성서의 기록자는 첫 구절만 써 두면 나머지를 암기하고 있는 당시의 유대인들은 모든 것을 읽을 수가 있었다는 것이다. 시의 전편을 읽어보면 하나님에 대한 찬송이라는 것을 금세 알 수가 있다. 또한 최후의 말씀인 '내 영혼을 아버지 손에 부탁하나이다(누가 23:46)' 역시 시편 31편 5절에 나오는 시와 같은 걸로 봐서, 십자가 처형 당시의 예수는 죽음을 맞이

하며 다윗의 시를 외우고 있었지 고통과 절망으로 소리 지른 것이 아니라는 것이다. 이런 엔도의 생각을 조는 어떻게 받아들일지 참으로 궁금하다.

한국 기독교 만화의 역사를 새로 썼다는 『검劍』은 예수의 가상칠언架上七言 중 첫 번째인 '아버지여, 저희를 사하여 주옵소서. 저들은 자기의 하는 것을 알지 못함이니이다'와 여섯 번째인 '다 이루었다'를 매우 중요시하고 있다. 그러고 보면 십자가에서의 네 번째 말씀인 '나의 하나님, 나의 하나님, 어찌하여 나를 버리셨나이까'는 다윗의 시를 윈 것이고, 다섯 번째인 '목마르다'는 인간의 몸을 곧 벗게 된 소회이며, 여섯 번째인 '다 이루었다'는 대속代贖의 사명이 끝났다는 선언이며, 마지막의 '내 영혼을 아버지 손에 부탁하나이다'는 꺼져가는 육신으로 부른 마지막 절명시라 할 수 있다. 조는 나의 이런 생각에 어떤 감상을 가질지 또한 궁금하다.

문득 성삼문이 처형장에서 지은 절명시가 불쑥 솟구친다. 죽음을 앞에 두고 시를 읊을 수 있는 사람이라면 모름지기 존경을 받을 자격이 있다.

擊鼓催人命　　북 치는 소리는 사람 목숨을 재촉하는데,
回頭日欲斜　　고개를 돌려보니 해는 이미 기울었네.
黃泉無一店　　머나먼 황천길엔 주막 하나 없으려니,

今夜宿誰家　　오늘 밤은 뉘 집에서 재워줄꼬.

『예수의 샅바를 잡다』를 참 재미있게 읽었다. 세상을 살아감에 있어 번뇌 없이 무슨 재미로 살아가느냐는, 자칭 '번뇌애호가'에 걸맞게 조영남은 안 해도 될 번뇌를 사서 고생하고 있다. 석가처럼 번뇌를 벗기 위해 수행을 할 필요도 없다고 한다. 그런데 번뇌하는 자세가 심상치 않다. 번뇌란 마음이 시달려서 괴로워야하는데 도무지 심각하거나 고고孤高하지가 않다. 오히려 즐기고 있는 듯하다.

책에서 느낀 점은 아닌 척 숨기고 있지만 예수를 부정하면서도 한편으로 인정하고자 하는 인간 조영남의 고민이다. 부정하기 위해 동서고금의 종교를 끄집어내 비교분석의 돋보기를 들이대다가도, 인정하기 위해 성서기록자들의 그릇된 편집으로 곡해되었다고 예수를 변호한다.

그나저나 어쨌거나 참으로 즐거운 시간이었다. 스무 살 때 이문열의『사람의 아들』이후로 모처럼 기독교에 대해서 머리를 짚어본 유익한 시간이었다.

조가 예수의 샅바를 왜, 어떻게 잡았는지는 끝부분에 나타난다.

'나는 저 세상(하늘나라)에서 따로 보상을 받는 일에 그다지 매료되지 못했다. 나는 이 세상에서 너무나 충분히 보상을 받고 살았기에 저 세상의 보상까지 기대할 일이 없기 때문이다. 나의 시신을 연구용으로 줘버렸다는 것이 바로 그런 의미다. 나는 나의 영혼을 연구용으로 쓰겠다고 해도 줘버렸을 것이다.'

'김 권사님(작고하신 조의 모친)은 애당초 확신을 가지고 다리를 건너갔고, 아들은 아직도 미심쩍어 계속 다리를 두드려 보고 있는 중이다. 예수는 나의 부모에겐 복음 혹은 가스펠이었고 나에겐 딜레마였다. 나는 지금 이끼 껴서 지린내 풍기는 오줌 깡통만도 못한 딜레마를 삳바처럼 바싹 잡고 있다. 어떤 결과가 나올지는 아무도 모른다.'

두 번째 잡은 조영남의 책은 『조영남의 수다』였다.

표지의 제목 위에는 작은 글씨로 '천하제일 잡놈'이란 수사가 닭벼슬처럼 붙어 있다. '닭벼슬'이라고 써놓고 보니 스스로 좋은 비유라는 기분이 든다. 이 책에는 세상의 모든 책마다 첫 장에 의례적으로 붙어 있는 그 흔한 머리말도 없다. 곧바로 조의 오지랖 넓은 교우관계가 파노라마처럼 펼쳐진다. 교우관계가 넓다는 것은 그 사람의 됨됨이가 좁지 않다는 뜻이며 사귀는 재미가 쏠쏠하다는 것을 말해준다. 마치 꿀 있는 곳에 벌과 개미들이 꼬이듯이 먹을 게 있고—배울 게 있고—정 붙일 곳이 많다는 뜻이다.

이제 보니 천하제일 잡놈이라 자칭하는 조의 자랑거리인 닭벼슬은 교우관계에 있었다. 이외수로 시작하여 조수미, 한대수, 최인호, 황신혜, 전유성, 이장희를 거쳐 백남준, 김수환 추기경까지 31명의 직업 · 직급 · 나이를 가리지 않는 다양한 인연과 에피소드가 흥미와 함께 부러움을 자아낸다.

나에게도 저런 재주 많은 유명인사가 친구로 있는가? 책을 읽다가 가끔 고개를 들어보지만 쉽게 떠오르는 인물이 없다. 교우관계가 좁다는 것은 마치 꿀 없는 곳에 벌과 개미들이 꼬이지 않듯이 먹을 게 없고—배울 게 없고—정 붙일 곳이 없다는 뜻이다. 내가 내 품성을 아는데 감히 누구와 비교를 하겠는가. 그래도 나에게도 자랑할 만한 친구가 아주 없는 건 아니다. 마치 책 속의 엄용수처럼 선한 친구다. 그런데 이름을 밝힐 수가 없다.

내가 어설프게 뒷심도 없이 사업을 한답시고 깐죽거리다가 조금 있는 돈마저 몽땅 까먹고 거리로 나앉게 된 게 8년 전이었다. 내 이름으로 된 건 모조리 팔아가며 긁어모아도 일꾼들 월급이 모자랐다. 업자들에게 멱살을 잡히더라도 자잿값은 연기를 해보겠지만 월급만은 그런 게 아니었다.

며칠을 두고 고민하다 그 친구를 만나 부탁을 했다.

"꼭 좀 빌려다구. 빨리 갚지는 못한다."

친구의 고민은 길지 않았다. 대신 세 가지 조건이 붙었다.

"며칠 시간을 달라. 돈은 죽기 전에 갚아라. 내 마누라가 절대 알아선 안 된다.”

나는 3년 후에 빚을 모두 갚았다. 그 사이 그 친구를 불러내 돈을 빌렸다는 사실을 마누라에게 알리겠다는 협박(?)으로 술을 몇 차례 뜯어먹었다. 평생 우려먹을 작정이다.

다시 책으로 돌아가 왜 조는 친한 아우 ‘김한길’을 수다에 넣지 않았을까? 요즘처럼 정치권에서 크게 뜰 줄을 몰랐는가, 아니면 알고서 일부러 빼버렸는가? 몰랐다면 아까운 일이요, 만약 알고도 뺐다면 닭벼슬이 더욱 빛날 일이다.

세 번째 잡은 조영남의 책은 『현대인도 못 알아먹는 현대미술』이었다.

책의 제목을 코미디언 전유성이 지었다는데, 딱 들어맞는다. 현대미술! 못 알아먹겠다. 인상파, 입체파, 야수파, 다다, 아방가르드, 신표현주의, 초현실주의, 순수추상주의, 추상표현주의, 미래주의, 플럭서스….

도무지 모르겠다. 왜 멀쩡한 사물을 어지럽게, 거꾸로, 더럽게, 괴상망측하게 그렸는지를. 왜 그림에 원근법이 없고 경계선이 없는지를. 왜 사람 얼굴이 좌우가 짝짝이인지, 왜 태양이 붉은색이 아닌지, 왜 그림이 엿처럼 녹아내리고, 나무가 춤을 추고, 하늘에 소牛가 나는지를 알 수가 없다. 넝마를 소재로 쓰거나 멀쩡한 캔버스를 찢어놓은 작품도 있다.

그보다 더 환장할 노릇은 행위예술 쪽이다. 사용하던 소변기를 뜯어서 「샘泉」이라는 제목을 붙여 전시하질 않나, 때 묻은 욕조를 작품으로 전시하기도 한다. 실성할 노릇은 더 있다. 플럭서스Fluxus의 공연을 보려는 사람들은 머리에 봉투를 뒤집어 쓰고 입장을 해야 한단다. 플럭서스의 대표주자 백남준은 관객들을 모아놓고 무대 위에서 바이올린을 쳐부수고, 피아노를 도끼로 내리치는 연주회를 했단다. 그러나 이건 아무것도 아니다. 구보타 시게코란 여자는 음부에 붓을 꽂고 오리걸음으로 캔버스 위에 그림을 그린다. 「Vagina Painting」이란다. 예전에 중광이란 걸레스님은 남근에다 붓을 묶고 부처를 그렸다는데 이 여자는 무슨 그림을 그렸을까. 그림이 중요한 게 아니라 행위가 주목해야 할 예술이라지만 궁금하지 않을 리가 없다. 더불어 그림값도 궁금하다.

이런 모든 지랄(?) 같은 행위가 예술이란다. 따라서 이런 행위에 호기심만 가득하고 감동이 없는 나 같은 사람은 예술을 보는 심미안이 없거나 예술 인자가 태생부터 부족하다고 봐야 한다. 하지만 '예술은 사기꾼 놀음'이고 '현대미술은 법칙 없는 게임'이라는 백남준의 어록도 있고 보면, 현대미술을 이해하지 못한다고 그다지 자기연민에 빠질 건 없다고 본다.

내가 암만 현대미술을 모른다고 해도 뭉크의 「절규」와 마주치는 순간이면 인간 내면의 공포를 돈각할 수 있고, 클림트의 「키스」를 보면서 몽환적인 상상에 빠질 수도 있기 때문이다. 고백을 하자면 예술과 부닥친 이상했던 경험이 아주 없는 것도 아니다. 이런 것도 과연 예술 감상의 한 방법인지는 모르겠으나 십수 년 전에 겪었던 일화를 잠깐 풀어본다.

오래전에 서머싯 몸의 『달과 6펜스』를 읽었다. 예술지상주의에 빠진 주인공의 거침없는 행동에 많은 충격을 받은 책이었다. 거기에 이런 장면이 나온다. 가난과 병고에 시달리는 무명의 화가 스트릭랜드는 자신을 거두어준 동료화가 더크의 집에 머물면서 그림을 그린다. 그중에는 과일 정물화도 있었는데 스트릭랜드를 싫어하는 더크의 아내는 거실에 걸어둘 수 없다고 말한다. 이유를 묻자 '도무지 음탕해서'라고 대답한다. 스트릭랜드는 나중에 은인 더크의 아내를 능욕하고 또 멸시하여 자살에 이르게 한다.

과일 그림이 어떻게 음탕할 수 있나? 수년간 수시로 나를 갸우뚱거리게 하던 이 화두는 우연히 풀렸다(?). 당시 다니던 회사의 서울사무소 꼭대기 층에는 휴게실이 있었고, 입구의 벽에는 흰 접시에 붉은 복숭아가 담긴 정물화 한 점이 걸려 있었다. 네 뼘 정도의 정방형 액자에 담긴 그림은 단순하거니와 내가 보기에 그다지 잘 그린 것도 아니었다. 따라서 그림에는 아무런 관심이 없었다. 내가 그 방을 자주 찾은 주된 이유는 온 방을 차지하고 있는 『국역 조선왕조실록』, 『연려실기술』을 보기 위함이었다.

어느 주말의 밤이었다. 동료와 2차 술자리에서 헤어지고 술에 취해 살그머니 꼭대기 층으로 숨어들었다. 한숨 자고 갈 작정이었다. 문을 따고 불을 켜자 흰 벽면에 걸린 그림이 기다렸다는 듯 앞으로 다가왔다. 나는 무시한 채 지나치다가 뒷덜미를 잡아당기는 어떤 유혹에 끌려 뒤를 돌아보았다. 복숭아는 그날따라 유난히 더 붉고 크게 보였다. 그리고 그림이 말을 붙여왔다.

"지쳐 보이네요. 혹시 있을지도 모를 열락을 찾아 밤거리를 헤매다 지쳤군요. 불쌍한 남자, 이 방에는 우리뿐이에요…."

그러면서 복숭아는 부푼 몸을 쳐들어 내 눈앞으로 들이미는 것이었다. 그때 처음 느꼈다. 복숭아의 한가운데에 그려진 한 줄의 골이 아래로 내려갈수록 음습한 그림자가 짙어져 묘한 상상을 불러일으킨다는 것을…. 그것은 뒤로 엎드린 둥근 여체였고, 전희에 달뜬 거대한 열망의 엉덩이였다. 나는 그림 앞에서 발을 떼지 못한 채 취한 눈으로 깊은(?) 감상에 빠졌다.

나는 『현대인도 못 알아먹는 현대미술』을 읽고 나서 처음으로 현대미술에 대해 개안을 했다. 그렇다고 양 눈을 다 뜬 것은 아니고 한쪽마저도 막 잠에서 조금 깨어난 정도의 수준이다. 하지만 130여 편의 사진과 함께 풀어가는, 조금도 지루하지 않은 조의 설명에 푹 빠져버렸다. 알아먹든 못 알아먹든 그건 학생의 자질과 소양의 문제이지만 교수만큼은 꽤나 훌륭했다. 조 교수는 나처럼 못 알아먹는 학생들의 난처함을 이렇게 대변했다.

'우리가 전시회장에 가면 거기서 간단한 안내책자를 받는데, 그 안에 인쇄되어 있는 작가에 관한 평을 읽다보면 그것이 첫 줄부터 가라는 소린지 오라는 소린지 도무지 알아먹을 수 없는 암호 같은 글들임을 깨닫게 된다. 나는 미술작가론이 너무 어려워서 화랑에서 손님들과 평론가를 모셔놓고 앞에 나가 작가론을 그 자리에서 읽고 마치 통역을 하는 것처럼 풀이해서 들려주는 우스꽝스런 퍼포먼스를 벌인 적도 있다. 미술평론이 오죽 알아먹기 힘들게 쓰여졌으면 그런 유치무쌍한 퍼포먼스를 벌였겠는가.'

이 글의 옆에는 칸딘스키의 「구성Ⅵ」라는 추상화가 붙어 있는데 '위아래 양옆이 어딘지를 구별하기 여간 힘든 게 아니다'라고 적어 놓았다. 솔직히 말하자면 위아래의 구분이 왜 필요한지 모르겠다. 어차피 추상화인데. 일부러 거꾸로 그린 그림도 있는데 말이다.

'미술은 더 이상 풍경이나 정물을 그려서 아름답게 보이도록 애쓰는 행위가 아니다'라는 조의 말이 사실이라면—인정한다. 현대에 들어 사물을 실사實寫하거나 꾸밈에 있어 사진보다 우수한 표현기술이 있는가?—미술美術이란 단어는 '피카소' 이전의 예술Art로 한정을 하고, 현대미술Modern Art은 그 이름을 달리하는 건 어떻겠는가? 길고 난해한 이름은 지양하고 쉽게 풀어, 예를 들어 Art를 뒤집어 Tra, Tar, Rat 등으로….

네 번째 잡은 조영남의 책은 『이상은 이상 이상이었다(李箱은 異常 以上이었다)』였다.

사람들은 아름다우면 감탄을 하게 된다. 그리고 감동을 어딘가에 새겨두고 싶어 한다. 그래서 쉬운 방법으로 사진을 찍는다. 그런데 사진은 감정이 정박된 기분이다. 그래서 어떤 이는 그림을 그린다. 눈으로 보는 것 이상의 세계를 그리고 싶어 한다. 현대미술의 요령부득한 표현들은 그렇게 나온 것 같다.

한편 어떤 이는 감동을 음악으로 표현하고, 또 어떤 이는 문학으로 새겨놓는다. 하지만 감동을 새기는 방법은 어느 것 하나도 쉽지가 않다. 화가 · 음악가 · 시인 · 소설가가 결코 그냥 되는 게 아니기 때문이다. 하물며 어떤 사람이 감동의 상감기술을 하나가 아닌 복수複數로 가졌다면 그건 대단히 놀라운 일이다. 보통 사람들로부터는 시기에 찬 욕을 먹기도 한다. 그런데 조영남이 그렇다.

우선 조는 음악을 한다. 서울음대를 다녔고 성악을 하다가 대중가요 가수로 전환했다. 70이 가까운 지금도 〈열린 음악회〉에서 마지막 무대를 장식하고 있고, 얼마 전에는 〈예술의 전당〉에서 클래식 공연까지 했단다. 그리고 조는 현대미술을 한다. 나는 올봄에 서울 청운동에서 열린 '조영남 초대전'에 찾아가서 방명록에다 '울산에서 왔습니다'라고 써놓았다. 그런데 화랑의 벽마다 붙어 있는 건 온통 화투 그림이었고, 나는 갑자기 차비가 아까워졌다. 차비가 아까운 건 물론 내 탓이다.

그리고 조는 신학을 공부했다. 『예수의 샅바를 잡다』를 읽어보면 조가 신학에 나름대로 일가를 이룬 것을 알 수 있다. 신학뿐 아니라 역사에도 조예가 깊다. 종횡무진이다. 조는 또 문학을 한다. 수필문학의 대가다. 하루에 원고지 50매를 써 내려가는데 아무런 어려움이 없다는 대목에선 얄밉다 못해 부아가 치민다. 엄청난 내공의 소유자다.

이런 조가 일찍이 '현대문학의 최고 이상理想은 李箱이다. 현대미술의 최고봉은 피카소다'라고 설파한 그 '李箱'에 대해 글을 썼다는데, 어찌 한번 읽지 않고 지나칠 수가 있겠는가. 이 책의 표지에는 이렇게 적혀 있다. 「내가 죽기 전에 꼭 쓰고 싶었던 이상의 詩 해설서」라고. 조는 문학평론에까지 손을 뻗친 것이다. '죽기 전에'라는 표현이 자못 비장하기까지 하다.

책은 아홉 묶음으로 나뉘어 모두 86수의 시를 소개하고 있다. 시 한 수를 소개하고 뒤이어 해설을 붙인 모양새다. 나는 솔직히 27살에 요절한 이상의 시가 이렇게 많은 줄 처음 알았다. 하지만 난해하기로 유명한 이상의 시가 조 특유의 익살과 재치로 재해석되어 있어 조금도 지루하지가 않다. 하나를 소개해 보자.

꽃이보이지않는다. 꽃이향기롭다. 향기가만개한다. 나는거기묘혈을판다. 묘혈도보이지않는다. 보이지않는묘혈속에나는들어앉는다. 나는눕는다. 또꽃이향기롭다. 꽃은보이지않는다. 향기가만개한다. 나는잊어버리고재차거기묘혈을판다. 묘혈은보이지않는다. 보이지않는묘혈로나는꽃을깜빡잊어버리고들어간다. 나는정말눕는다. 아아. 꽃이또향기롭다. 보이지도않는꽃이—보이지도않는꽃이.

「절벽」이란 시다. 무슨 뜻인가? 왜 제목이 절벽인가? 조는 말하길, 내가 만약 저승으로 건너가 「절벽」의 내용이 뭐냐고 물어도 이상은 "그게 내가 쓴 시 맞냐?" 아니면 "글쎄, 나도 모르겠는데" 중의 하나로 답변할 것 같다고 했다. 조는 이 시를 매춘을 흥정하는 장면이라고 설명한다. 그러면서 '어느 시인도 이렇게 점잖고 우아하게 매춘을 흥정하진 못했으리라' 감탄하고 있다.

'누구나 자신의 무덤을 파듯이 여자의 몸속을 판다. 그런데 뭐가 잘 안 된다. 그래서 재차 과감하게 판다. 그러나 그 속엔

아무것도 없다. 허망한 절벽이다. 그런데 또 파고 싶다.'

나는 해설에 감탄한다. 한편 조의 해설 말미에는 사족이 따라붙는데 이게 현대미술로 그린 뱀의 다리처럼 의미심장한 매력이 있다. 「절벽」의 해설 끝에도 사족은 있다.

'누구나 스물일곱 살 즈음에는 섹스가 밥보다 더 고픈 법이기 때문이다.'

기가 막힌다! 실제로 「매춘」이란 시도 있다. 시에 이런 구절이 있다.

'신발을벗어버린발이허천虛天에서실족한다.'

무슨 뜻인가? 조 해설가는 친절하다. '허약한 체력으로 섹스를 하자니 폐병 환자인 시인은 기진맥진했다. 여성 위에 올라앉을 기력조차 없어 여성을 남성 위에 올려놓았으니 그 풍경이 가관이다. 신발을 벗은 발이 허공에서 허우적거리다 얼마 안 가 맥없이 축 처지고 만다.'

「조且8씨의 출발」이란 시도 있다. 조 해설가는 조8에 아예 된발음을 구사하여 '좆팔'로 읽을 것을 적극 권하고 있다.

나도 시어詩語란 고상한 단어로 써야 한다고 생각하진 않았다. 스물 초반에 신춘을 겨냥해 쓴 시에 '널브러진 연탄재 위에 생선대가리…' 하는 시구가 있었는데 예심을 봐주겠다던 김기주란 친구가 어떻게 '연탄재' '생선대가리'가 시어가 될 수 있냐며, 시대를 앞서간 천재의 머리를 연탄가스에 취한 꽁치대가리 정도로 취급했던 기억이 있다. 고독한 천재는 그날 이후로 시에서 손을 놓았다. 만약 그날 이상 같은 친구가 옆에 있었더라면 “야야, 시어에 무슨 자격이 필요하냐. 조8이면 어떻고 C8이면 어떠냐”며 더 험한 시어를 찾아 통음으로 날을 새웠을 것이다.

조의 해설은 449쪽까지 빽빽하게 이어진다. 남이 고생해서 쓴 해설을 여기에 앵무새처럼 따라 하는 일은 그만두고, 「오감도烏瞰圖」의 「시제1호」 이야기는 조금 해야겠다. 이 시는 1934년 이상의 나이 25살에 발표하여 세상을 널리 어지럽힌 시다.

> 13인의아해가도로로질주하오.
> (길은막다른골목이적당하오.)
> 제1의아해가무섭다고그리오.
> 제2의아해도무섭다고그리오.
> 제3의아해도무섭다고그리오.
> ⋮
> 13인의아해가도로로질주하지아니하여도좋소.

조는 시 해설의 시작을 이렇게 한다.

‘아! 나는 드디어 이 세상에 존재하는 모든 시 중에서 가장 위대한 시를 금방 읽었구나.’

조는 감격에 겨워하며 왜 '13인의 아해'인지를 추리한다. 스스로 도취해 현기증을 느끼며 비틀거린다. 그러면서도 '고뇌애호가'답게 즐기고 있다. 어느새 변태 지식인의 채찍은 허천을 한 바퀴 돌아 이상이 몰래 덮어둔 비석을 향해 날아간다. 그리고 자족의 비명을 내지른다.

'…불안 · 초조 · 공포에 떠는 현대인의 초상을 상징하는 13명의 아이가 도로로 질주한다. 시인은 단 한 줄의 글로 20세기를 주름잡았던 소위 실존주의를 깔끔하게 정리해버린 것이다. 게다가 질주하는 길은 막다른 골목이 적당하다고, 친절하게도 카뮈 · 사르트르가 말한 출구가 없는 현대인의 노웨이아웃No way out 또는 노엑시트No exit 상황까지 해결해버렸다….'

나는 이 책을 읽고 나서 책장 구석에 박혀있던 낡은 책 한 권을 찾아냈다. 『이상소설전작집』이란 책인데 표지의 뒷장에는 푸른 볼펜으로 이렇게 적혀 있다.

'1978년 9월 19일 울산서점에서.'

그러니까 내가 울산에서 직장생활을 하던 22살 적에 구입했다는 뜻이다. 이 책에는 「날개」, 「봉별기」, 「종생기」 등의 소설이 있고, 뒷부분에는 「오감도」에 대한 평론이 몇 편 실려 있다. 그런데 이 평론이 지금 읽어봐도 도대체 무슨 말인지 알아먹을 수가 없다. 추상적이고 현학적인 글과 함께 뫼비우스의 띠까지 그려 보이며 설명을 하는데 정작 읽는 사람은 오감五感이 마비될 정도로 소통이 되질 않는다. 그러니 내 나이 스물둘에 책을 쥐고 얼마나 깊은 자괴감에 빠졌을 것인가. 그 시절에 술독에 빠져 살던 사연 중에는 이런 부끄러움도 상당했을 것이다.

『이상은 이상 이상이었다』는 쉽다. 재미있다. 그러면서 있을 건 다 있다. 문청시절에 이상의 시를 읽고 나처럼 절망에—이상은 스물다섯에 시를 발표했는데 나는 이해조차 못하고 있으니, 나는 진정 꽁치대가리인가! 하고—빠졌던 사람이라면 한 번쯤 일독을 권하고 싶다. 읽고 나서 평가를 달리하는 건 개인의 자유지만, 그런 시간을 가져보는 것만으로도 충분한 가치가 있다고 본다.

다섯 번째 잡은 조영남의 책은『어느 날 사랑이』였다. 이 책은 조의 사랑일기다. 사랑을 이야기하며 주위 인물과 시대배경까지 들여다본 일종의 자서전이다. 사랑으로 맺어졌던 인연과의 만남, 이별, 후회, 그리움을 진솔하게 그렸다. 조의 사랑타령은 459쪽까지 빡빡하게 이어진다. 어떻게 저런 토속적인 외모와 버벅거리는 말투로 그 멋진 여자들과 사귈 수 있었는지는 모르겠으나 과장은 아니라는 믿음이 간다. 조는 스스로 자신의 외모를 평하기를 '키는 난쟁이 똥자루에 머리통만 가분수로 냅다 크고, 있는지 없는지도 모르는 납작한 코와 언제 미끄러져 내려올지 모르는 뿔테 안경의 몽타주 소유자'라고 했다.

그런데 어떻게 그런 다양한 사랑을 할 수 있었을까? 진화가 덜 된 몸이라 페르몬향이 팡팡 뿜어 나오는가? 토속적인 백치미에 마음 약한 여자들이 모성애로 빠져드는가? 흔해 빠진 섹시가이에 싫증난 미녀들이 토착원시인으로 눈길을 돌리는가? 그렇담 나는 상대적으로 미녀에게 기대할 것이 없다. 프랑스 작가 바르베 도르비의 『신들린 여인』은 못난 얼굴에 홀딱 빠진 귀부인의 이야기인데 책 읽은 지 20년, 이제야 그럴 수도 있겠다는 심증이 간다.

첫사랑 이야기는 풋풋했고, 두 번째 첫사랑 이야기는 흥미로웠다. '헤까닥' 돌았다는 사랑은 좀 안타까웠지만, 짬짬이 나오는 에로스는 재미있었다. 무엇보다도 손바닥에 땀나는 이야기는 1주일 동안 주야로 틀었다는 베토벤 교향곡 이야기다. 베토벤 교향곡? 1주일 주야? 상상은 책 읽은 자의 몫이다.

조영남은 자신을 '카사테르'라고 한다. 카사노바의 머리와 베르테르의 몸을 합성한 인간이란 뜻이다. 그럼 나는 '베르노바'인가? 머리는 베르테르처럼 순수하나 몸은 카사노바처럼 기회를 엿본다? 그럴지도 모른다. 모름지기 남자란 동물은 베르테르를 지향志向하지만 기회가 오면 베르테르를 지양止揚하기도 한다. 카사노바를 지양하지만 기회를 만들어 카사노바를 지향하기도 하는 종이기 때문이다.

그런 면에서 카사테르는 사랑에 대해 무척 솔직하다. 때로 감정에 충실한 이런 성향으로 인해 뜻밖의 필화를 겪기도 했지만 타고난 천성을 어찌하겠는가. 이 책으로 인해 또다시 카사테르는 두 부류의 여자들에게 곤욕을 치르게 될지도 모른다. 하나는 페미니스트이고 또 하나는 님포마니아이다.

『어느 날 사랑이』를 읽고 나서 나의 첫사랑은 누구인가를 더듬어보았다. 경애, 순복이, 인숙이… 두 번째 첫사랑은 누구인지를 더듬어보았다. 두희, 선희… 하지만 내 사랑의 종착지는 마누라임을 밝혀둔다. 마누라의 검열을 의식한 아부가 아님을 또한 밝혀둔다. 사족이지만 내가 조에 비해 얼마나 순진했었는지는 1974년 11월 28일자 일기를 보면 알 수 있다. 당시(고3) 사귀던 경애라는 애와 방에서 이불을 쓰고 누워 두 시간을 노닥거렸는데 오로지 이야기만 했다고 적혀 있다. 이건 순진한 게 아니라 이상한 것이다. 어떻게 청춘남녀가 두 시간이나 이불을 쓰고 누워 이야기만 할 수 있었는지 모르겠다. 손발이 묶여있는 것도 아닌데 말이다. 아마도 녹음기에 음악을 틀어놓고 '닐 다이아몬드'가 어떻고, '톰 존스'가 어떻고 하며 헛소리를 해댔을 것이다. 지금 생각하니 참으로 가소로운 짓이다. 그러니 헤어진 것이다.

올봄에 서울 청운동에서 열린 '조영남 초대전'에 찾아갔을 때 입구에는 어느 여자 분이 보낸 '영남 씨는 못하는 게 뭐예요' 라고 적힌 화환이 놓여 있었다. 누가 봐도 조는 정말 재주가 많은 사람이다. 이토록 재주 많은 조와 내가 닮은 구석이 있을까… 더듬어보니 아주 없는 것도 아니었다. 우선 부모님이 이북 사람이다. 따라서 조와 나는 고구려 유민이다. 어머니는 새벽기도를 가는 독실한 기독교인이며 아버지는 동네에서 알아주는 술꾼이다. 이것도 닮았다. 주위에 친구가 많고 술을 좋아하는 것도 닮았고 술을 많이 마시면 필름이 끊기는 것도 닮았다. 독서를 좋아하고 눈물이 많은 것도 닮았다.

평소에 싫어하지 않은 만큼 좋아하지도 않던 조였는데 요즘은 닮고 싶을 정도로 홀랑 빠져버렸다. 내가 일찍이 누구를 지목해 전 작품을 통독하겠다는 욕심이 생긴 것은 '이병주' 이후 조영남이 처음이다. 다행인 것은 조는 많은 책을 내지 않았고 더구나 소설을 쓰지 않았다. 왜 다행이냐 하면 앞으로 나는 소설을 쓸 계획이기 때문이다. 비록 재주의 양에서는 뒤지더라도 나름대로 별도의 재주를 하나쯤은 갖고 싶은 때문이다. 끝으로 내가 반한 조의 필력을 한 번 더 확인하자.

나는 이날 이때까지 탑 속에 유배된 독사를 본 적도 없거니와, 탑 속에 유배된 독사처럼 지하에 한 그루 나무로 박혀 다시는 움직일 수 없었노라고 고백할 만큼 혹독하게 외로움을 탄 적도, 그런 자신이나 타인을 만나본 적도 없다. 이것은 어느 누구도 내려가보지 못한 외로움의 맨 밑바닥을 치고 돌아오는 위대한 시인의 통곡이며 절규다. 그리고 70년 세월이 흐르고 「오감도」 「시제7호」는 한 늙은 가수의 심금을 한 번 더 울리고 있는 중이다.

— 『이상은 이상 이상이었다』에서

— 2012년 봄

PART 02

바람

몸속에 들어온 모래가 낸 상처를 진주로 만드는 것은 조개의 힘이다.
모래를 피하기만 하면 진주는 얻지 못할 것이다.
힘들어도 상처를 아끼고 견뎌낼 줄 알아야 보물이 생긴다는 걸,
그때 조금은 깨달았던 것 같다.
그날의 상처는 참으로 아름다운 것이었다.

'놈'과 '분'

우리말 중에 '변 보다'라는 말이 있다. 한때는 이 말을 '똥오줌 누다'의 점잖은 표현으로만 알았다. 나이가 들어 자연스레 깨닫게 된 참뜻은 말 그대로 '변을 눈으로 확인하다'였다.

왜 봐야 하는가는 우리 같은 술꾼들은 익히 아는 사실이지만, 몸의 현재 상태를 가장 쉽고도 자연스럽게 확인할 수 있기 때문이다. 소화기계에 이상이 생기면 변의 색깔이나 굵기, 찰기 등이 금세 달라진다. 냄새는 물론이다. 이런 변화는 이미 상식으로 알려진바 정상이 아니라는 신호다. 따라서 건강을 위해서는 매일같이 변의 상태를 '보아야만 하는' 것이다.

'바라보다'란 말도 잠시 허공을 바라보게 하는 말이다. '바라'의 어원이 '바다(海)'라고 읽었는데, 바다를 보다가 '바라다(願)'가 생겨났으니, '보다(視)'보다는 '바라보다'가 직관적이지 않으며 믿음에 따른 기대치가 담겨있는 말이다. '바라보다'는 '바다보다'에서 태동하여 수평선 너머의 보이지 않는 세계까지를 아우르는 말이 된 것이다.

우리말 중에 '돌아가다'란 말도 참 멋있다. '죽다'와 비교해볼 때 죽음은 끝이 아니라 온 곳으로 다시 간다는 뜻이니 죽음을 맞은 사람에게는 얼마나 큰 위로이며, 산 사람에게는 얼마나 선한 가르침인가! 돌아가서 부끄럽지 않기를 바라는 마음은 누구나 같을 것이다.

〈도로남〉이란 유행가가 있다.

'남이라는 글자에 점 하나를 지우고 님이 되어 만난 사람도, 님이라는 글자에 점 하나만 찍으면 도로 남이 되는 장난 같은 인생사~'

'님'과 '남'이 이렇듯 가까이 있었다니, 새삼 깨닫게 되는 사실이다. 이렇듯 재미있고 정겨운 우리말을 열거하자면 밤이 새도 끝이 나지 않겠지만, 사람을 일컫는 말 중에 '놈'과 '분'의 쓰임새를 실례를 들어 가름해 볼까 한다.

3년 전이다. 당시 역사기행문을 쓴답시고 틈틈이 답사를 하고 있었는데 '월산대군 묘'를 꼭 찾아볼 일이 있었다. 그러나 내가 사는 곳이 울산이니 묘가 있는 경기도 고양까지는 쉽게 가볼 수 있는 거리가 아니었다. 차일피일 세월을 보내다가 삼일절이 낀 연휴를 얻어 서울까지 가서 1박을 하고 다음 날 아침 일찍 숙소를 나섰다.

가는 길에 월산대군이 노래한 '추강에 밤이 드니 물결이 차

노매라'의 그 추강秋江을 사진 찍기 위해 행주산성에 올라 구경을 하다 보니 어느덧 점심때가 되었다. 바삐 내려와 산성 입구에서 어묵을 몇 개 집어먹고 버스로 곧장 고양에 도착하니 오후 2시였다.

버스정류소에는 십여 대의 택시가 손님을 기다리고 있었다. 나는 택시기사에게 인터넷에서 출력한 약도를 보여주며 월산대군 묘를 물었다. 기사들이 약도에 머리를 박고 고개를 갸웃거리는 중에 한 사람이 약도를 가로채며 자기 차를 타라고 했다. 택시는 지체 없이 달리기 시작했다.

십여 분을 달리자 도심의 빌딩이 사라지고 전원 풍경이 펼쳐졌다. 난생처음 올라가보는 서울의 북쪽이라 혹시 하늘과 땅의 모양새가 남쪽과 다른가 하여 창밖을 유심히 살펴보았다.

30여 분을 달렸을까. 도대체 얼마나 더 가야 하는지 묻기 위해 기사를 쳐다보자, 기사는 알았다는 듯이 눈을 한 번 맞추고는 곧 차를 세웠다. 좁고 꼬불꼬불한 아스팔트 위였다. 창밖으로 깨진 거울조각 같은 논밭들이 황량하게 펼쳐져있었다. 반대편 창밖으로 마른 나뭇가지와 덤불로 엉클어진 산언덕이 거인처럼 드러누워 있었고….

"여가 어데요?"

절로 사투리가 새어나왔다. 기사는 언덕을 가리키며 그 너머에 월산대군 묘가 있다고 했다.

"얼로 넘어 가능교?" 묻자, 기사는 두리번거리더니 손가락으로 산언덕의 샛길을 가리켰다. 나는 떨떠름하게 택시에서 내렸다. 차는 요금을 받자마자 먼지를 날리며 UFO처럼 날아갔다.

샛길로 산언덕을 조금 오르자마자 개 짖는 소리가 들려오기 시작했다. 처음에는 몇 마리가 짖어대더니 금세 귀가 멍멍할 정도로 짖어댔다. 후들거리는 다리를 겨우 끌고 올라가 보니 철조망을 친 축사가 나타났고, 그 속에 100마리의 개들이—내 눈에 그렇게 보였다—흰 이빨을 드러낸 채 철조망을 흔들어대며 낯선 방문객을 노리고 있었다. 자칫 철조망이라도 뚫리면 살은 고사하고 뼈도 못 추릴 기세였다. 나는 언덕 위로 꽁지가 빠지게 달아났다. 그리고 잠시 숨을 고르다가 문득 내가 쉬고 있는 곳이 무덤이라는 사실을 깨달았다. 주위는 온통 무덤이었다. 봉분이 꺼져 내린 비석 없는 무덤들 천지였다. 분명히 왕형王兄이 있을 곳이 아니었다.

다시 언덕을 뛰어 내려왔다. 개소리로 멍멍해진 귀를 문지르며 UFO가 날아간 방향으로 터벅터벅 걸어갔다. 또 샛길 하나가 나왔다. 난 택시기사가 착각했을 거라고 믿고 그 샛길로 들어가 보기로 했다.

얼마나 헉헉대며 올라갔을까. 아슬아슬 이어지던 샛길이 끊어지자 또 무너진 무덤들이 입을 벌린 채 나를 쳐다보고 있었다. 저절로 탄식이 새어나왔다. 그러나 내 눈길을 다시 잡아끈 것은 무덤 뒤편 소나무 사이로 보이는 거대한 콘크리트 도로였다. (나중에 알았지만) 한창 공사 중인 수도권 외곽고속국도였다.

난 덤불을 헤치며 철망에 긁히며 간신히 국도로 넘어갔다. 산자락을 따라 S커브를 그리며 끝없이 이어나간 국도 위에는 중장비만 보일 뿐 사람이라곤 하나도 보이지 않았다. 생각해보니 오늘은 삼일절 휴일이었다. 난 지친 다리를 끌며 외롭고 고단한 길을 자처한 독립투사의 행보를 흉내 내었다.

갑자기 1킬로미터 앞에 사람의 형체가 나타났다. 그들은 국도를 가로질러 넘어가는 중이었다. 나는 소리를 지르며 달려가 그 세 사람을 붙들었다. 그리고 숨 가쁘게 월산대군 묘를 물었다. 이 근처에서 40년을 살았다는 그들은 처음 들어본다고 했다. 그중 한 남자는 이 부근에 없다는 것에 내기를 걸어도 좋다고 했다. 그들은 자신들이 넘어온 샛길을 가르쳐주고는 도로를 넘어갔다.

다시 어딘지도 알 수 없는 아스팔트 위였다. 해도 져가고 있었다. 무심한 차들이 찬바람으로 빰따귀를 때리며 지나갈 뿐 행인이라곤 찾아볼 수가 없었다. 멀리 주유소가 보였다. 마지막으로 그곳을 들러보기로 했다. 그러나 그곳 역시 대답은 '모른다'였다. 배에서 자꾸 물 내려가는 소리가 들렸다.

돌아가시기로 했다. 죽겠다는 뜻은 아니다. 집으로 간다는 뜻이다. 그러나 그것도 쉽지가 않았다. 길가에서 20여 분 손을 흔들어댄 끝에 간신히 차 한 대를 세울 수가 있었다. 택시가 아닌 승용차였다. 그런데 차에서 고개를 내민 사람은 뜻밖에도 '없다는 것에 내기를 걸어도 좋다'던 남자였다.

남자는 집에 가서 전화로 월산대군 묘를 아는 사람을 수소문하였다. 그리고 평소 지나다니던 길에서 안내판을 본 기억을 떠올려 차를 몰고 나왔다고 했다. 나는 남자의 차로 10여 킬로미터를 더 달려 낙타고개 인근에서 월산대군 묘를 찾아볼 수 있었다. 대군 묘 뒤편에 있는 박씨 부인의 묘도 확인하였다.

나는 저녁 어스름 속에서 떨리는 손으로 사진을 찍었다. 그리고 고마운 마음에 몇 번이고 고개를 숙였다.

잊지 못할 삼일절, 그날 나는 '놈'과 '분'을 둘 다 만났다. 누가 '놈'이고, 누가 '분'인지는 이 글을 읽는 '님'이 쉽게 가름하리라 믿는다.

— 2009년 5월

외연도外煙島

여행을 하다 보면 생애를 두고 결코 잊힐 리 없는 감동을 받을 때가 간혹 있다. 장엄한 자연의 풍광을 마주했을 때뿐만 아니라, 주위 분위기와 돌발 변수로 인해 각인이 깊어질 때도 있다. 비록 내가 돈과 직장에 매여 해외여행은 욕심을 내지 못하지만 국내여행만은 틈틈이 시간을 내는 편이다.

정월 보름밤 소백산 정상에서 내려다보는 눈부신 설봉의 파도, 을왕리 겨울 바닷가에서 본 핏빛 낙조, 장마철 어스름 달기 폭포에서의 머리 쭈뼛한 공포, 초겨울 해거름 뱃길 끊어진 청령포의 쓸쓸함, 더블재킷에 정장구두로 올랐던 마니산 참성단, 마라도에서 선 채로 먹었던 자리돔 한 마리, 봉화의 축서사鷲棲寺는 독수리가 깃든다는 곳이다. 흑산도에는 삭힌 홍어가 없었다. 삶이 지루하다면 새벽 네 시의 자갈치 어판장을 가보라 권하고 싶다. 선운사 아래 풍천장어집의 천장에는 남녀의 성기가 실물의 백 배 크기로 그려져 있었다.

…나는 외연도 이야기를 하고 싶다.

2007년 12월 7일은 겨울 추위가 시작되기 전이었다. 태안 앞바다에서 일어난 유조선과 해상크레인의 충돌사고로 인해 서해안은 기름범벅이 되었다. '사상 최악'이라는 수식이 붙어 있던 대재앙은, 임진란과 IMF에서 보여주었던 조선 민초들의 저력이 발동하여 서서히 정상을 되찾게 되었다.

해변에 쏟아진 검은 원유를 동이로 퍼내며 구역과 두통에 시달리던 초기 자원봉사자들의 고생도 끝이 나고, 우리 부부가 뒤늦게 찾아갔던 2008년 1월 27일은 날이 몹시 추웠다. 그래도 만리포 해변에는 수백 명의 봉사자들이 쪼그려 앉아 묵묵히 흡착포로 모래를 닦아내고 있었다. 그들 중에는 멀리서 버스를 대절한 단체들도 많이 있었다. 박근혜 대표도 어떻게 나의 동선을 알았는지 하얀 부직포 통옷을 입고 일행과 함께 만리포에 나타났다. 며칠 전에 TV 뉴스는 이런 봉사자들의 손길이 미치지 못하는 서해의 섬들을 보여주었다. 안면도를 비롯한 크고 작은 섬들은 밀려온 기름띠로 오염이 심각하였다. 나는 외연도가 걱정이 되었다.

외연도外煙島는 대천항에서 출발하는 섬이다. 육지에서 멀리 떨어져 바다 한가운데에 연기로 가린 듯하다 하여 외연도라 불린다고 한다. 중국 땅에서 닭 우는 소리가 들린다는 천혜절경의 섬 한가운데는 천연기념물인 상록수림이 있고 상록수림 안에는 희귀한 연리지連理枝가 한 그루 서 있다. 또한 외연도에는 중국의 진秦나라 말기에 제齊나라의 재건을 위하여 반기를 들었다는 전횡田横 장군의 전설이 남아있다. 진이 망하고 한漢의 유방이 천하를 통일하자, 실망한 전횡은 500여 명의 군사를 이끌고 황해의 섬으로 몸을 숨겼다고 한다. 그러나 한나라 유방의 부름을 받자 홀로 낙양으로 가던 중에 한의 포로로 사느니 자결을 택했다고 한다. 이 소식을 전해들은 500여 명의 군사들 역시 모두 자결을 하였다는 전설이다.

내가 궁금한 점은, 현재 중국의 칭다오(靑島)에는 전횡이 숨어 살았다는 전횡도가 있고 오백사士의 묘지가 아직도 남아있는데, 어떻게 전횡의 전설이 외연도까지 오게 되어 사당을 짓고 매년 제사를 지내게 되었느냐는 것이다. 또한 섬의 서쪽에는 망재산이 있다는데 제나라를 쳐다보니 망제산望齊山이어야지, 어떻게 '망재산'이냐는 것이다. 외연도는 내가 꼭 한 번 찾아가야 할 섬이었다.

서해를 지키는 해신海神의 지위에 오른 전횡의 제사는 매년 음력 정월 열나흘 밤에 지낸다. 나는 작심하고 달력의 2008년 2월 20일에 크게 동그라미를 쳐두었다. 그리고 날짜를 세고 있는데 뜻밖의 소식이 들려왔다. 올해는 물때가 맞지 않고 날씨가 너무 추워 제사를 음력 2월 14일로 연기한다는 것이었다. 아마도 서해안 기름오염도 한 원인이 되었을 것이다.

2008년 음력 2월 14일, 양력으로 3월 21일, 나는 아내를 모시고 오전에 대천항을 출발했다. 해무가 잔뜩 끼인 바다 위를 쾌속선으로 두 시간 달려 외연도에 이르렀을 때는—거리 53km, 배시간이 여름과 겨울이 다르다—햇빛이 화창한 한낮이었다. 섬이 다가오자 처음 눈에 들어온 것은 50여 채 집들이 옹기종기 모여 있는 포구와 포구의 머리맡에 자리한 울창한 나무숲이었다. 숲은 천연기념물로 지정된 당산堂山의 상록수림이다.

민박집을 구해놓고 섬 구경에 나섰다. 섬은 한적하였고 아직 해풍은 차가웠다. 선착장 동쪽의 빨간 등대가 있는 방파제에서부터 서쪽의 하얀 등대까지 돌아다녀도 육지에서 온 듯한 여행객은 보이지 않았다.

동백나무 울창한 당산 숲으로 올라가 희귀하다는 연리지를 찾았다. 사랑나무의 상징인 연리지는 당 현종과 양귀비의 사랑을 노래한 백거이의 장한가長恨歌에도 나온다. 백거이는 다음 세상에서 둘의 이별 없는 사랑을 이렇게 기원했다.

재천원작비익조在天願作比翼鳥 하늘에서는 비익조가 되기를 원하고
재지원위연리지在地願爲連理枝 땅에서는 연리지가 되기를 원한다네

우리 부부도 연리지 아래서 손을 맞잡고 하늘에 기원했다. 다음 세상에서는 비익조나 연리지가 되기보다, 힘센 현종과 예쁜 양귀비로 태어날 수 있기를….

섬의 북쪽으로 넘어갔다. 북쪽 해안에는 몽돌해변과 너럭바위와 기암이 즐비하여 아름다운 산책길이 이어졌다. 해변 이름도 멋있다. 돌삭금, 누적금, 작은명금, 큰명금, 노랑배, 꼬갈배… 진귀한 매바위를 만나면 카메라를 들지 않을 수가 없다. '고래조지'라는 묘하게(?) 생긴 바위도 어디 있다는데… 다행히 해안에는 검은 기름의 침입 흔적은 보이지 않았다.

섬의 아름다운 경치 소개는 인터넷 사이트로 돌리기로 하고, 제사 모습을 조금 소개키로 한다.

그날 저녁 민박집에서 밥을 먹는데, 명색이 바다 섬인데 밥상이 절간이다. 말려서 조린 멸치 몇 마리와 채소만 즐비하고 기대했던 싱싱한 횟감이 보이지 않는다. 주인에게 물어보니 섬 전체가 제사준비로 인해 며칠째 출어를 하지 못했다고 한다. 제사시간을 묻자 주인은 조심스레 입을 연다. 옛날에는 제사 당일에 외지인은 들어오지도 못했으며, 지금도 제의에는 절대 여자들이 얼씬거려서는 안 된다고, 그러면서 내 아내를 힐끗 훔쳐본다.

아내는 투덜거린다. 요즘이 어떤 세상인데 아직도 남녀를 구분하여 제사를 지내느냐고, 사내들이 여자 없이 어떻게 세상에 나왔겠냐고…. 나는 아내를 달랜다. 옛날에는 임신 중인 여자들은 외진 곳에 세운 피막(避幕)에 숨거나 섬을 나갔어야 했다고, 요즘은 세상이 좋아져 여자들은 따순 방에서 잠만 자면 되는 거 아니냐며, 한겨울 바깥 제사에 여자들을 금한 것은 남자들의 생각이 깊어서 그런 것이라고. 그리고 플래시와 캠코더를 들고 방을 나섰다. 밤 10시였다.

낮에도 컴컴한 당산 숲을 한밤중에 가로질러 사당에 도착했다. 사당에는 빈 제사상 위에 촛불만 켜져 있었다. 제물은 재실齋室에 대기 중이었고, 10여 명의 남자들은 제사준비에 분주한 모습이었다. 그들은 거의 말이 없었다. 외지인에겐 눈길조차 주지 않았다. 나는 뻘쭘하게 재실 귀퉁이에 서서 뼈다귀나 바라는 진돗개의 모양새로 남자들의 움직임을 쳐다보고만 있었다. 몹시 추웠다. 한 시간 정도 서 있으려니 온몸이 떨려왔다. 나는 마누라가 주무시는 따순 방으로 들어가 겉옷을 더 걸쳐 입고 돌아왔다.

자정이 되어 가고 있었다. 남자들은 장작불로 큰솥과 드럼통에 물을 끓였다. 재실 뒤편 마당에서 '뿌우~' 하는 짐승의 불안한 숨소리가 밤의 정적을 갈랐다. '지태'라 불리는 오늘 밤 당제에 쓰기 위한 황소의 울음이었다. 때가 다가오고 있었다. 솥뚜껑도 울었다. 솥뚜껑이 들썩거리며 허연 김을 뿜어낼 때마다 내 속에서 분비되는 아드레날린의 양도 커져만 갔다.

재실 마당에서 누군가 홀라당 벗고 알몸에 찬물을 끼얹기 시작했다. 다른 누군가가 따순 물을 쓰라고 권했지만 그는 찬물로 몸을 씻었다. 그리고 몸을 닦고 옷을 갈아입자 누군가의 지시가 내려졌다. 사내들이 황소에게 다가가 인사를 했다. 한 사내가 소의 코뚜레를 잡고, 두 사내는 양쪽에서 밧줄로 소의 뒷다리를 묶어 나무에 둘렀다. 그리자 한 사내가 끝이 뾰족한 쇠망치를 등 뒤로 감춘 채 소에게 다가갔다.

나는 나무 뒤에 숨어 달빛을 가르며 소의 정수리에 떨어지는 쇠망치의 가격을 셌다. 망치는 한 번, 두 번, 세 번이나 떨어졌지만 소는 쓰러지지 않았다. 놀란 소는 사력을 다해 도망가려하였고, 급기야 왼쪽에 있던 사내는 밧줄을 놓치고 허둥대었다. 사내들의 다급한 소리가, 그러나 결코 높지 않은 목소리가 밤새처럼 숲속을 떠돌았다. 그래도 소는 사람을 향해 덤벼들지 않았다. 사내들은 다시 밧줄을 다잡았다. 허연 콧김을 거칠게 내뿜는 황소의 정면에 아까의 사내는 다시 마주섰다. 정지된 그림 같은 장면이 깨진 것은 사내의 손이 위아래로 재빨리 움직인 다음이었다. 소는 다리를 비틀거렸고, 사내의 손은 크게 한 번 더 위아래로 움직였고, 소는 태어나 처음으로 거대한 몸짓으로 쿵, 소리를 내며 땅을 두드렸다.

다음 날 아침, 아내와 나는 봉화산 꼭대기에 올랐다. 기다렸다는 듯 시원한 바람이 갯냄새를 가득 담아 얼굴에 부딪혀왔다. 바다에는 갈매기들만의 안식처인 자그마한 섬들이 바다안개 속에 떠 있었고, 눈 아래 포구에는 옹기종기 모인 빨강 파랑의 지붕들이 이마를 맞대고 아침안부를 묻고 있었다. 나는 온기 하나 없는 봉수대 바위를 맨손으로 한 번 쓰다듬고, 건너편 서쪽의 망재산을 바라보았다. 망재산은 올라가는 등산로가 없다고 하였다. 나는 그림 같은 외연도의 풍광을 눈에 담고 캠코더에 담았다.

산에서 내려와 민박집에서 잠시 휴식을 취했다. 섬을 나가는 배 시간은 오후였다. 잠깐 졸았는가?

잠시 몸을 눕혔다가 밖을 나오니, 아뿔싸! 전횡 장군의 당제와 이어 지내는 풍어제가 방금 끝난 모양이었다. 깨끗이 정리된 부두 한가운데에는 바다를 향해 빈 제사상이 차려져있고, 주변에는 사람의 손길이 닿았던 술병과 음식의 흔적들이 널려 있었다. 방파제로 달려가 바다를 바라보니 백여 미터 앞에 퇴송배(마을의 재앙을 모두 싣고 나간다는 작은 모형배)가 파도에 씰룩거리며 모로 기울어진 채 침몰하기 직전이었다.

잠깐의 방심으로 인해 놓쳐버렸다. 징 · 북 · 장구 · 꽹과리로 귀를 호사시킬 기회를, 400년을 내려온 풍어제의 참모습을, 섬사람들의 바다를 향한 소원과 열망을, 서해 용왕의 위무와 안도하는 사람들의 표정을 기록으로 담아둘 기회를 놓쳐버렸다. …이윽고 퇴송배도 용왕이 꿀꺽 삼켜버렸다.

마을의 공동창고로 보이는 넓은 곳에 마을 사람들이 잔치판을 열었다. 우리가 기웃거리자 한 아낙네가 어서 들어오라는 손짓을 한다. 빈자리를 찾아 앉자마자 음식을 한상 차려낸다. 상마다 소고기 수육이 수북하다. 불과 열 시간 전에 내가 보았던, 거대한 몸짓으로 땅을 두드렸던 그 황소의 살점이 분명했다. 차마 나는 도저히 맨정신으로 먹을 수가 없었다. 급히 아낙네에게 소주 한 병을 청했다.

우린 부른 배를 문지르며 방파제를 거닐다 보령시 어업 지도선을 보게 되었다. 보령시장을 비롯한 공무원들이 풍어제에 참석키 위해 아침에 타고 온 배였다. 그들은 이제 행사를 끝내고 돌아가기 위해 배에 오르기 시작했다. 그들 사이에 우리도 슬그머니 끼어들었다. 그리고 그들과 함께 외연도 주민을 향해 손을 흔들었다. 정오의 햇살이 외연도를 눈부시게 했다.

근래에 들어 외연도를 찾는 사람들이 부쩍 늘었다. 방송사 오락프로의 소개에 영향을 받은 바가 크겠거니와, 인터넷을 살펴보면 멋진 풍경들이 많이 소개되어있다. 예전에는 없던 나무계단으로 단장된 산책로도 보이고, 민가의 담장에 동화같은 그림도 새로 생겼다. 그러나 선착장 입구에 있는 외연도 교회를 소개한 사진은 좀처럼 보이지 않는다. 50여 가구가 사는 작은 섬마을에, 그것도 장군과 용왕을 제사지내는 원시신앙의 섬마을에, 하느님을 믿는 기독교인들이 몇이나 되는지는 알 수 없지만, 중요한 건 외연도는 우리나라 최초로 개신교 선교사가 발을 디딘 곳이며(1832년 7월), 이 작은 교회는 이런 역사적 사건을 기념하여 지은 건물이다.

외연도의 패총은 원삼국시대의 유적으로 전횡 장군 시대(BC 200)에도 사람이 살았다는 증거가 된다. 그러나 어떻게 고대 중국의 장군이 우리나라의 서해를 지키는 신이 되었는지는 알 수가 없다. 주강현 한국민속연구소장은 『관해기2 서쪽바다』에서 이렇게 적었다.

'유사무서有史無書의 역사이므로 정확한 근거는 댈 수 없어도 무언가 이곳 바다와 인연을 맺은 사실이 있으니 신앙화된 것이리라. 인근 어청도와 녹도에도 그를 모신 제당이 있다. 머나먼 중국 땅, 그것도 제나라까지 거슬러 가는 고대의 한 장군이 우리나라 서해의 신이 되었다는 점은 당대 사회에서 중국의 동해, 우리의 서해 사이에 무언가 알 수 없는 모티브적인 사건이 전개되었음을 암시하는 것으로 읽힌다.'

망재산을 한자로 어떻게 쓰는지 알려주는 사람이 아직도 없다. 나처럼 '망제'가 아니냐고 의문을 가지는 사람도 없다. 외연도 연리지는 2010년 9월 태풍 콘바스로 인해 맞잡은 가지가 끊어졌다. 외연도 연리지 아래서 사랑을 맹서했던 남녀들은 이제 빨리 다른 연리지를 찾아가 맹서를 새로이 해야만 할 것 같다. 나는 2011년에 흑산도에서 했다.

남산, 렛잇비

경주 남산을 오른다. 1년 만이다. 예전에는 서쪽의 포석곡이나 삼릉곡으로 출발해 금오봉(468m)을 올라 김시습이 『금오신화』를 썼다는 용장사터에서 땀을 식히며 남산의 풍광을 즐겼는데, 언제부턴가 동쪽의 봉화곡으로 시작해 고위봉(494m)을 오르는 버릇이 붙어버렸다. 바로 '칠불암'과 '신선암 마애보살상' 때문이다.

2002년에 처음 칠불암을 보고 와서 '남산 최고의 걸작'이라는 글을 『고운님 여의옵고』 책 속에 남긴 적이 있다. 그런데 작년(2009)에 문화재청에서 국보 312호로 지정하여 경망한 나를 또 한 번 촐랑거리게 하였다. 그렇다고 내가 문화유적을 감상하는 안목이 뛰어난 것은 결코 아니다. 그저 훼손과 마모가 덜하였고, 당당한 불상의 체형이 보기에 좋았고, 본존불을 직시할 수 없도록 가리고 선 사방불四方佛이 주는 신비함이 유별났기 때문이었다. 탁 트인 전망과 함께 해오름을 정시할 수 있는 불상의 위치도 마음에 들었다. 누르스름한 바위색도 따뜻한 기분을 안겨주었다.

그러나 지금은 예전과 분위기가 많이 바뀌었다. 국보로 지정된 후로 많은 이들의 관심이 증가하였다. 내가 간 10월의 셋째 주말에도 등산객은 물론이거니와 교수와 학생들로 보이는 100여 명의 관람객이 단체로 몰려들었다. 사람들이 꼬이면 반드시 손때와 쓰레기를 남기기 마련인데, 1,300여 년을 버텨온 칠불암에 화마로 무너진 국보 1호 남대문의 비극이 오버랩되는 것은 괜한 걱정일까.

칠불암에서 위쪽으로 10여 분을 걸어 올라가면 신선암에 다다른다. 바위를 끼고 우측으로 돌아가면 마애보살상이 나타난다. 정면에서는 보살상을 접견할 수가 없다. 보살상의 정면이 무시무시한 낭떠러지이기 때문이다. 볼살이 오동통한 보살은 좌대를 타고 앉아 구름 위에 오른발을 내려놓고 인간계를 내려다보는 여유로운 모습이다. 그래서 유희좌상遊戱座像이라고 한다. 여기서 주변을 둘러보면 가까이는 칠불암이 내려다보이고, 멀리는 동쪽으로 토함산 자락이 펼쳐진다. 잠시 땀을 식히고 사색을 하기 위해—사색할 땅이 너무 좁다. 자칫하면 굴러 떨어질 수도 있다—안전한 정상 쪽으로 발걸음을 옮긴다.

사색 하나, 신라인이 꿈꾸었던 이상국理想國은 어떤 모습이었을까? 서라벌 한가운데에 황룡사 구층탑을 세워 만인이 우러러 합장 경배를 하게 하고, 남산 전체를 불상과 사찰로 꾸며 불국토佛國土를 구현하고자 함이 신라인의 소망이었을까. 삼국통일의 대업을 이룬 신라인의 평화시平和時 꿈이 정화 · 예불 · 출가에 머물렀다면 비록 강도 · 살인 걱정은 하지 않더라도 인간적인 삶이 꽤나 삭막하지 않았을까. 그러나 그렇지만은 않은 듯하다. 『삼국유사』에 나오는 지증왕의 음경 이야기나, 진지왕과 도화녀의 정사, 선덕여왕의 여근곡 해석, 수로부인 이야기를 보더라도 신라가 금욕과 엄숙의 시대는 아니었던 것이다. 시대를 통틀어 오직 신라에서만 발견되는, 남녀의 성기와 성행위를 아기자기한 장난감으로 만들어놓은 토우土偶를 살펴보면 신라인들의 여유 있는 익살과 함께 개방된 성 의식까지도 엿볼 수가 있다.

"누가 내게 자루 없는 도끼를 주겠는가? 내 하늘을 받칠 기둥을 깎으리라."

이렇게 길거리에서 외치는 원효에게 자신의 딸 요석공주와 동침을 허락한 김춘추의 담대함에서 성속聖俗을 뛰어넘는 기상을 느끼게 된다. 하물며 아내와 동침하는 역신 앞에서 노래와 춤을 추었다는 처용의 설화는 분분한 해석에도 불구하고 성에 대해 관대한 신라인의 자기 절제력을 보게 된다. 더불어 신라는 남녀의 차별도 유별나지 않았을 것이란 생각이 든다. 우리

나라에서 시대를 통틀어 여왕이 존재한 나라는 신라뿐이었다. 신라는 불교의 나라이면서도 사람을 먼저 인정하는 관용과 평등이 앞선 나라였으리라는 생각이다.

사색 둘, 김유신의 누이 보희가 꿈속에서 서라벌이 다 잠기도록 소변을 보았다는데, 서라벌이란 요강의 크기는 어느 정도였을까? 『삼국유사』에는 '절들이 별처럼 펼쳐졌고 탑들이 기러기처럼 줄을 이었다寺寺星張 塔塔雁行'고 기록되었다.

신라 전문가 이기봉 박사는 『삼국유사』에 실린 '신라 전성기에 경중京中에 17만 8,936호가 있었다'는 글이 틀린 게 아니라고 주장한다. 전성기를 9세기 후반의 헌강왕 시절 정도로 가정하고, 1호에 5명씩을 잡아도 거의 90만 명의 인구가 되는데, 이는 현재 경주시 인구의 세 배가 넘는 수치다. 그러니 단순한 계산으로도 현재의 경주보다 세 배가 넘는 면적의 왕경王京이 실재했었다는 것인데… 과연 믿어야 할까?

출토된 신라의 토우를 살펴보면 우리나라에는 없는 코끼리, 원숭이, 개미핥기, 서역인 등이 보인다. 울산에 인접한 경주 남쪽의 괘릉에는 사왕死王을 지키고 서 있는 무인석이 아라비아 남자다. 이것들은 지금의 경주를 보는 좁은 안목으로는 이해할 수 없는 국제교류의 흔적들이다. 페르시아 양탄자를 신라산 양탄자로 개발해 중국과 일본에 무역을 한 기록이나, 실크로드의 동쪽 끝이 경주였다는 연구서는 조용히 눈을 감고 고개를 들게 만든다.

경주의 크기와 인구수에 대한 해석은 분분하다. 하지만 나는 이기봉 박사를 믿고 싶은 마음이 많은 사람이다. 경주의 크기를 오로지 남산을 경계로 북쪽 수 킬로미터에만 한정한다면 답답한 노릇이다. 나는 컴퍼스를 고위봉 정상에 꽂아놓고 두 배쯤 늘여서 돌려본다. 90만 명의 다문화 인종이 북적거리는 신라의 경주는 어쩌면 두 배로 늘인 컴퍼스로는 부족할지도 모른다.

사색 셋, 신라의 人과 地를 지나 天을 생각한다. 고위봉에서 쳐다보는 금오봉의 가을 하늘은 아주 맑다. 경주의 하늘을 보며 나는 서울 하늘을 떠올린다. 올해는 조선의 수도 서울이 일제에 의해 자격을 잃은 지 100년이 되는 해다. 자격을 되찾은 지는 65년, 그러나 서울 하늘은 낮에는 스모그로, 밤에는 네온사인으로 품격을 잃어버렸다. 그나마 사람들은 그런 하늘을 쳐다볼 여유마저 잃었다. 2년 전에는 국보 1호인 남대문마저도 잃고 말았다.

경주도 개발이란 외침을 받았다. 외곽에는 대규모 공장과 위락시설이 파고들고, 도심에는 소음과 네온사인이 나날이 요란하다. 60년 전에 가수 현인이 〈신라의 달밤〉을 노래하며 '불국사의 종소리에 나그네야 걸음을 멈추어라' 했었지만, '고요한 달빛 어린 금오산 기슭에서 신라의 밤 노래를 불러보자' 했었지만, 이제는 어느 누가 가슴속 상처를 불국사 종소리로 위안받을 것이며, 설혹 선덕여왕이 살아 첨성대를 찾아온들 어느 하늘에서 별을 살필 수 있을 것인가. 하늘에 맹서한 우정을 새길 바위 하나도 찾기 힘들 것이니….

봉화곡을 내려가며 또 생각한다. 경주는 반드시 커야 하지만, 진정 경주를 사랑한다면 경주를 위해서라도 이제 경주는 그만 놔둬야 한다고…. 칠불암 입구에 또 사람들이 몰려든다.

– 2010년 10월 16일

운주사 가는 길

'3월 25일 아침부터 1박 2일로 나주호湖 주변의 모처에서 워크숍을 개최하니 현장소장들은 모두 참석하라'는 회사의 지시였다. 25일 새벽에 서산에서 출발하려고 하였더니 24일 오후부터 하늘이 차츰 흐려져 눈보라까지 치기 시작했다. 계획을 앞당겨 24일 저녁에 나주로 내려갔다.

언제든 기회만 생기면, 혹은 기회를 만들어서라도 유적지와 맛집부터 챙기는 게 내 성미인지라 나주로 내려가며 '홍어의 거리'를 그냥 지나칠 수가 없었다.

내비게이션으로 찾아간 밤늦은 영산포의 둔치에는 차가운 비바람이 몰아쳤다. 그래도 인적 드문 거리와는 달리 내가 찾아들어간 식당 안은 사람들로 북적였다. 자리에 앉자마자 눈에 들어온 건 벽에 나붙은 유명인사들이 남긴 메모였다. 천정배, 임채정, 조항조, 임희숙, 이상용, 강호동…. 또 한쪽 벽에는 신문 카피를 붙여놓았는데 '홍어명인'이란 제목 밑에 이 집

주인의 얼굴이 웃고 있었다.

홍어회 반 접시와 애탕과 탁주를 시켰다. 기다리는 동안 여종업원이 부위별로 조금씩 서비스를 내왔다. 홍어 코와 내장과 참기름 친 소금이다. 그런데 내가 모르는 별난 부위가 있었다. 그래서 물었다. "이건 처음 보는데, 뭐지요?" 여종업원이 목소리를 낮춘다. "홍어 거시깁니다." 나도 목소리를 낮추었다. "거시기도 먹습니까?" 여종업원이 눈을 샐쭉이 내리깐다. "홍어는 버릴 게 하나도 없지라!" 나는 조그맣게 중얼거린다. '만만한 게 홍어 거시기라고, 잘라버린다 했는데….'

혼자서 입맛을 다시는 경상도 남자를 훔쳐보는 전라도 아줌마의 눈길이 존경(?)과 신기함으로 그득하다.

15년 전 여름, 울산에 있을 때도 그러했다. 임권택 감독의 영화 〈춘향뎐〉을 보고, 다음 날 아침 출근길에 갑자기 어떤 '부름'이 와서 남원으로 차를 돌렸다. 회사에는 전화로 "맘이 아프다"고 했다. 아마도 전화받는 여직원은 "많이 아프다"로 들었을 것이다. 남원에 도착하여 광한루를 구경하고, 점심때가 되어 가까운 '원조 월매집'에 들러 홍어찜에 막걸리 한 되를 빨며 콧구멍을 한껏 넓히고 있었다. 그때 춘향이로 보이는 남원 아가씨가 홍어에 낮술을 즐기는 경상도 사내를 무한한 존경과 신기함으로 훔쳐보던 그 기억이 새롭다.

조선시대에 흑산도에서 잡은 홍어를 뱃길로 운송하여 남도 물류의 거점이었던 영산포까지 오면 대략 1주일이 걸리는데, 이때 발효된 홍어의 맛이 가히 절정이었다고 한다. 막상 주산지인 흑산도에서는 싱싱한 홍어를 먹는 데 반해 영산포에서는 삭힌 홍어로 명성을 떨쳤으니, 흡사 비아그라가 당초 의도된 심장약보다 발기제로 더 명성을 얻은 것과 닮은꼴이라 하겠다.

식당을 나서니 밤비는 어느새 그쳤고, 심호흡을 할 때마다 몸속에서 암모니아 냄새가 박하향처럼 콧속을 마구 드나든다. 나는 가까운 여관으로 그 향기를 몰고 갔다.

초등학교 시절, 월간 『새소년』이나 『어깨동무』 같은 소년잡지를 보면 어린이의 호기심을 유발하는 신기한 이야기가 늘 있었다. 사진 찍힌 귀신, 설인雪人, 네스 호의 괴물, 버뮤다 삼각지대, UFO, 사라진 미라…. 그러나 그보다 신비로웠던 기억은 도대체 누가, 언제, 어떻게 그러한 일을 했어야만 했는가 하는 물음표 앞에, 열어 놓은 입을 다물 수 없었던 거대한 조형물의 충격이었다. '불가사의不可思議'란 한자의 의미도 모른 채 우린 '7대 불가사의'니, '8대 불가사의'니 하며 손가락을 꼽았었다. 대륙(칠레)으로부터 3,700킬로미터나 떨어진 남태평양의 작은 섬 '이스터'의 거석상들, 공중으로 수백 킬로미터나 올라가야 확인할 수 있는 돌무더기로 그려낸 나스카 평원의 그림들, 영국의 스톤헨지, 이집트의 피라미드…. 왜 우리나라에는 저런 신비한 조형물이 없을까? 어린 나이에도 그런 불평을 했었다. 그리고 커오면서 잊혀졌던 이런 불평의 기억을 떠올린 건 마흔살이 되어 처음 가본 운주사雲住寺에서였다. 한자로 運舟寺라고도 쓴다. 왜 항해를 뜻하는 '運舟'가 붙었는지는 인터넷으로 검색하면 금방 알 수 있을 터이고, 내 생각은 전혀 다른 데 있다.

아침 일찍 여관에서 나와 운주사로 차를 몰았다. 워크숍 시간까지는 아직 시간이 남아있었다.

운주사는 누가, 언제, 어떻게 지었는지 모르는 절이다. 고려시대에 지어졌다고는 하나 기록이 없다. 단지 『신증동국여지승람』에 천불천탑의 기록이 남아있을 뿐이다. 임진왜란 때는 훼손되어 폐사가 되었지만, 일제 말까지만 해도 수백 기의 불상과 불탑이 남아있었다고 한다. 하지만 지금은 백 기 정도가 남아있을 뿐이다. 누가, 언제, 어떻게 가져갔는지도 모른 채 사라져버렸다. 소문에 의하면 해방 직후에 원근에서 집을 짓거나 댓돌, 다듬잇돌로 쓰기 위해 많이 가져갔다고 한다. 주인 없는 절에 가난과 무지가 그런 일을 한 것이다. 그래서 나의 바람은 없어진 불상과 불탑이 원력에 의해 하나라도 더 돌아왔으면 하는 것이다.

또 하나의 바람은, 운주사의 신비감을 삭히지 말라는 것이다. 운주사의 전설이 지금은 유명하지만 10년 전까지만 해도 그다지 알려지지 않았었다. 하루 사이에 천불천탑을 짓던 도

선국사가 새벽닭이 울기 전에 마지막으로 일으키지 못해 지금도 누워있다는 와불의 전설이 그중에 제일 유명한데, 이렇듯 상식적이지 못한 신비한 전설들이 많아야 한다. 괜히 자와 돋보기를 들이대고 전문가의 고증을 받기 위해 애먼 수고 따위는 하지 말라는 것이다. 15년 전에 먼지가 날리는 흙길로 처음 달려왔을 그때처럼, 정형定形의 상식이 무너진 탑과 불상 앞에서 부르르 전율할 그때처럼, 보이는 그대로 단순하게 느끼기만 하자는 것이다.

운주사가 많이 바뀌었다. 절을 지키는 매표소가 생겼다. 관리를 위해서는 있어야 되겠지만 아스팔트나 새로 지은 대웅전은 좀 서운하다. 더 이상 절을 놀이공원처럼 꾸며서도 안 되겠다. 요즘 것이 분명한 불상을 옛것 사이에 끼워놓아도 안 되겠다. 절 주변의 산등성이를 다 돌아봐도 한 시간이면 족한 운주사다. 그래도 그걸 보기 위해 날을 잡아 몇 시간씩 달려오는 사람들을 위해서도 처음 순정을 잃지는 말아야한다. 그만 닦고, 그만 세우자!

내가 예전에 입구에 들어서자마자 충격을 받았던 언덕 위의 '거지탑'과 지금은 보물로 지정된 '쌍배불'과 '원형다층탑'은 수리 중이었다. 제일로 보고 싶었던 것들만 수리 중이었다. 나가면서 시계를 보니 아직도 한 시간이나 남아있었다.

– 2011년 3월 26일

어느 천재의 자명소自明疏

운보雲甫 김기창(1913~2001) 화백의 '바보예술 88년 미수米壽 기념' 특별전을 보러 간 적이 있다. 청각장애를 극복하고 한국미술의 경지를 한 차원 높인, 동양화의 현대적 기술접목이라는 실험정신까지 가미한 화려한 그의 예술 앞에 침을 삼키지 않을 수 없었다.

우선, 운보의 그림은 보기에 편하다. 때로는 특별하다는 느낌마저도 아무런 부담이 없다. 부담이란, 2차원 평면 그림에다 추상이나 초현실, 또는 전위前衛란 이름을 붙여 이異차원적 해석을 강요하는 현대미술에서 받는 난감한 소외를 말한다.

운보가 21세 때 국전에 당선한 작품인 정청靜廳은 물론, 군마群馬, 대춘待春, 부엉이 등은 보이는 대로만 받아들이면 되는 작품들이다. 그의 실험작인 '청록산수', '바보산수', '예수의 생애'도 어떤 해석이나 수사를 붙인 평을 읽지 않아도 감상에는 전혀 부담이 없다.

만년의 그를 TV에서 본 적이 있다. 그는 넉넉한 풍채에 흰 두루마기, 흰 고무신, 빨간 양말 차림이었다. 인터뷰 내내 어린아이 같은 천진한 말투로 정겨운 바보(?) 웃음을 그치지 않았다. 그가 어려서 잃어버린 청력은 그를 세상의 소음에서 자유롭게 하였을 것이다. 그것은 그만이 갖는 능력이 되었다. 만약 그가 일체를 배제한 자신만의 독립된 세계에 들고 싶다면, 그건 간단히 눈만 감으면 되는 일이었다.

감히 무례한 생각을 해본다. 그의 청각장애는 천재가 오염되지 않도록 하기 위한 신의 특별한 배려가 아니었을까 하는, 무례한 생각을 한번 해본다.

이탈리아의 맹인가수 안드레아 보첼리의 재능은 그가 어릴 때 세상의 강제强制로부터 눈을 감을 수 있었기 때문에 자유로운 음악의 구현이 가능하였을 것이다. 베토벤이 불후의 명곡들을 쓴 것은 인생의 후반기였다. 그는 귀가 들리지 않자 비로소 마음으로 음악을 들을 수 있었던 것이다.

육신의 장애 뒤에 숨어있던 재능을 예술로 승화시킨 천재들도 있지만, 태생적 콤플렉스와 정신장애를 예술로 충족하기 위해 자학과 기행을 서슴지 않았던 천재들도 있다. 죽음에 대한 불안 공포를 그림으로 절규한 뭉크, 광질狂疾과 극빈의 화가 고흐, 간질과 도박중독으로 곤고한 삶을 자초한 도스토옙스키, 작품의 영감과 에너지를 여성편력으로 모은 피카소, 헤밍

웨이, 찰리 채플린….

스물 중반에 서머싯 몸의 『달과 6펜스』를 읽고, 사회통념의 윤리도덕을 거침없이 파괴해버리는 주인공의 예술지상주의에 충격을 받은 적이 있다. 충격은 머잖아 커피 잔처럼 식어버렸지만.

서른 중반에 임권택 감독의 〈서편제〉를 보고, 소리에 한恨을 심어주기 위해―소리의 완성을 위해―딸의 눈을 멀게 하는 아버지의 행위에 '가치 있는 삶은 과연 무엇인가?'로 혼란을 겪은 적이 있다. 혼란은 머잖아 술 깨듯 사라져버렸지만.

허균은 『손곡산인전蓀谷山人傳』에서 스승 이달을 평하기를 '평생을 유리걸식하여 사람들이 천하게 여겼지만 궁색하게 늙음은 진실로 시 때문이었다. 비록 몸은 곤궁했어도 썩지 않을 시가 남아있으니, 어찌 한때의 부귀로 이를 바꿀 수 있으리오'라고 썼다.

출세를 마다하고 문학과 예술의 가시밭길을 선택한 선구자들의 이야기는 돈벌이와 쾌락에만 몰입하는 우리를 참으로 작게 만들어 버린다. 허균은 시를 위해 몸을 땅처럼 낮춘 스승 이달을 존경했지만, 정작 그 자신은 몸을 높여 영달을 꾀하다 비참한 최후를 맞고야 말았다.

1994년 시집 『서른, 잔치는 끝났다』로 50만 부 이상의 판매기록을 세운 최영미 시인이 2010년 모 신문에 쓴 글을 보면, 아직도 시인의 생활이 곤궁하기는 마찬가지인 것 같다. '하나님, 저에게 열세 평짜리 아파트 하나를 주시질 않겠습니까? 그렇지 못하시겠다면 저는 이 나라를 떠나겠습니다'라고 자못 협박조로 하나님께 투정을 하고 있다.

서양에는 시드니 셀던 · 스티븐 킹 · 조앤 롤링 등의 갑부 작가들이 많기도 하다는데, 우리나라에도 노래하고 춤추고 잘 떠드는 연예인 중에는 부자들이 버글버글하던데, 왜 글쟁이 작가들은 제집살이도 힘이 든단 말인가. 문학이 다른 예술 장르에 비해 등급이 낮기라도 하단 말인가?

후유~, 시인이시여. 시궁이후공詩窮而後工이라. 시는 몸이 궁해져야 더 좋아진다고 하였으되, 이를 뒤집어 '몸이 풍족하면 시는 궁해진다'는 경구로 해석을 하시라. 당신에게 정신의 날을 빛나게 세우기 위해 일부러 거지가 되라고 할 수는 없는 일이고, 〈서편제〉의 송화처럼 눈이 멀라고 할 수도 없는 일 아닌가. 그러니 그냥 지금처럼 궁한 것을 다행으로 여기시고 '조금 불편함이라' 감내하시라. 그래도 당신에게는 썩지 않을 시가 있고, 알아주는 팬이 있고, 판매 기록갱신의 희망도 있으니, 어찌 지금의 삶을 '궁窮'이라고만 하겠는가. 머잖아 열세 평짜리 근사한 서재도 갖게 될 것이오.

그러나 문제는 나처럼 현실에 적당히 타협 안주하여 자기계발의 갈증을 술과 잡기로 때우기만 하는 한심한 게으름뱅이가 문제다. 이런 놈에게는 가끔 한 번씩 충격을 먹일 필요가 있는 것이다.

충격이란, 게으른 몸뚱이를 폭포 속으로 밀어 넣어 물줄기에 떠밀려 소沼로 떨어질 것인가, 한 마리 연어처럼 거슬러 오를 것인가를 자문하며 맹성을 촉구하는 것이다. 무사안일의 일상에서 각성 탈출하여 병들어 가는 영혼을 치유하기 위해서는 스스로를 중인환시衆人環視의 도망갈 수 없는 자리에 세울 수 있어야만 하지 않을까?

잠시 생각을 정리해본다. 범상하지 않은 천재들의 삶이 범상하지 않은 예술을 창출해 낸다면, 범상한 범재들은 오로지 범작만을 양산할 뿐이라면, 범재들이 범상하지 않은 예술을 창출하는 길은 천재들을 흉내 내거나, 열정적인 노력만으로 가능할 것인가…. 그러나 범재가 천재를 흉내 내는 것은 개성 없는 모방이 될 것이며, '열정'이나 '노력'이란 말처럼 추상적인 단어는 없을 것이다. 그래서 범재에겐 또다시 충격요법이 필요한 것이다. 머리 깎고 눈썹 밀듯, 겨울바다에 뛰어들듯, 티베트행 기차에 몸을 싣듯… 때로 무모하게 보이는 이런 용기가 있어야만 언젠가 개안을 하고, 돈오한 깨침을 하여 세상을 놀라게 할 가능성이 그나마 열릴 것이다.

그러나 말처럼 쉬운 게 어디 있겠나? 단식을 하고, 사직서도 내보고, 무작정 여행도 떠나보지만, 결국은 주린 배를 부여안고 제자리로 되돌아와 따뜻한 아랫목을 찾아 쓰러질 것을 알고 있다.

구도求道 · 구예求藝는 진정 머리를 파랗게 깎든지, 도무지 깎지 않는 그런 별종들만이 할 수 있는 특허인가? 그러면 그런 흉내조차도 내지 못하는 나는 무엇인가? 혹시 나는 어떤 표색表色도 드러나지 않는 미증유의 별종 천재는 아닐는지? 동굴 속 같은 은둔의 천재 말이다. 이런 천재에게 천재를 드러내지 않는다고 어찌 나무람을 하겠는가?

내가 탄식조로 이런 생각을 이야기하자 "그럼 결국은 당신이 천재가 아니란 얘기와 뭐가 다르냐?"고 아내는 반문한다. 나는 가장 믿고 있던 마누라에게도 인정을 받지 못하는 천재인 것이다.

그래도 나는 늘 바쁘게 살아간다. '뭔가 해야 하는데' 하는 자책감으로 불면의 밤을 보낸다. '죽기 전에 뭔가 꼭 해야 하는데' 하는 자괴감으로 하얀 새벽을 다시 만난다. 나는 참으로 난해 난감한 천재다!

휴일을 재미없게 보내는 방법

주말마다 비가 자주 내려 봄 냄새에 바람난 청춘들을 억지로 집안 소파에 묶어놓더니 어제부터 하늘이 활짝 개었다. 이번 주말에 전국의 도로는 상춘객들로 몸살을 앓을 것이다.

5월 14일(토) 아침, 차를 몰고 화창한 봄 햇살을 가르며 천안의 독립기념관을 갔다. 물론 혼자서다. 정오에 입장하여 일곱 군데 전시관을 다 두르고 '추모의 자리'에서 묵념을 하고 나니 오후 3시였다. 제3전시관(나라 지키기)에서 안중근 의사를 만나 많은 시간을 보냈다. 제4전시관(겨레의 함성)에서 유관순 의사를 만나서도 마찬가지였다. 그리고 추모의 자리를 내려와 우국지사들의 시와 어록이 새겨진 비석 사이를 어슬렁거리며 다시 시간을 보냈다. 이승만, 한용운, 안중근, 김구를 비롯한 독립운동가부터, 이순신, 곽재우, 김시민, 권율로 이어지는 임진란 영웅들의 말씀을 새기다보니 4시가 훌쩍 넘어버렸다. 오랜만에 느끼는 감동의 연속이었다. 그중에서도 특히 내 발길을 잡아놓은 것은 독립운동가이자 대종교 창시자인 나철의 예언시와 서애 류성룡의 진언이었다.

먼저 나철의 예언시를 읽어보면,

조계칠칠鳥鷄七七 일락동천日落東天 흑랑홍원黑狼紅猿
분방남북分邦南北 낭도원교狼道猿敎 멸토파국滅土破國
적청양양赤靑兩陽 분탕세계奔蕩世界 천산백양天山白陽
욱일승천旭一昇天 식음적청食飮赤靑 홍익이화弘益理化

을유년 8월 15일에 일본이 패망하고
소련과 미국이 나라를 남북으로 분단하도다.
공산주의와 외래문화가 민족과 국가를 망치고
공산·자유의 극한 대립이 세계를 파멸할지나
마침내 한민족은 선도문화가 크게 번창하여
공산·자유의 대립파멸을 막고
홍익인간 이화세계를 이루리라.

조계(새와 닭)는 을유乙酉와 뜻이 같으니 1945년에 해당되고, 음력 7월 7일은 양력으로 8월 14일이 된다. 8월 14일은 일본 본토에 원자폭탄이 떨어진 날이다. 해가 동쪽 하늘에서 떨어진다고 하였으니 해를 국기로 쓰는 일본이 망한다는 뜻이다. 검은 늑대(黑狼)는 소련이요, 붉은 원숭이(紅猿)는 미국인데 이들이 우리나라를 남북으로 가른다(분방남북)고 하였다. 그리고 늑대의 주장(공산주의)과 원숭이의 교(민주주의)가 나라를 파멸로 끌어간다(멸토파국)고도 하였다. 1945년의 일본 패망과 남북분단은 물론 이념대립으로 촉발된 한국전쟁의 국토폐해를 정확하게 예언한 것이다. 놀라운 것은 1916년 나철 선생이 타계하기 1년 전에 이 시를 남겼다는 점이다.

그 뒤로 이어지는 '적청양양…'은 종교적인 메시지가 들어있어 비석에 적힌 해석과는 상통하지를 않았다. 그러나 '욱일승천', '홍익이화'의 뜻만은 내가 알고 있으니, 보나마나 대한민국이 크게 일어나 널리 무언가를 펼친다는 해석이 될 것이다.

옛 선현들은 어떻게 미래에 일어날 일을 알 수 있었을까? 뜻글자인 한문 속에 숨겨둔 수수께끼는 해당사건이 지나고 나서야 맞춤식 풀이가 가능하다고 비꼬는 사람도 있지만, 나는 그런 맞춤식 풀이에 통쾌함을 느끼는 사람이다. 내가 어릴 때 아버지는—아버지 고향은 이북이다—이런 이야기를 하셨다. 한국전쟁이 터지자 사람들은 안전한 피난처를 찾기 위해 점쟁이를 찾아갔다. 점쟁이는 '팔금산'으로 가라고 했다. 그러나 전국지도를 펼쳐놓고 봐도 팔금산을 찾을 수가 없었다. 전쟁이 끝나고 나서야 사람들은 八金山이 부산釜山인 것을 알았다.

내친김에 이야기를 하나 더 해야겠다. 오래전에 신봉승의 『조선사 나들이』를 읽다가 조선 역대 왕들의 위패를 모신 종묘의 정문이 창엽문蒼葉門이란 사실을 알았다. '창엽'이라 이름 지은 이는 경복궁을 비롯한 수많은 전각들의 이름을 지은 정도전인데, 왜 창엽이라 하였을까? 창엽이란 한자를 풀어보면 '蒼'은 '二十八君'이고, '葉'은 '二十八世'이다. 그러니 28명의 임금이 28세대를 이어간다는 뜻풀이가 가능하다. 조선의 역대 왕은 태 · 정 · 태 · 세…로 시작해서 고종(26대), 순종(27대)으로 사실상 끝이 났다. 그러나 1973년 종묘에 영친왕의 위패를 마지막으로 봉안하면서 종묘의 임금은 28명이 되었다. 세대로도 28이 되는지는 계산이 복잡해서 꼼꼼하게 한 번 더 따져봐야겠지만 이 부분도 가능성이 높아 보였다. 아쉬운 점은 종묘 대문에 붙어 있어야 할 '창엽문'이란 현판이 한국전쟁 때 행방불명이 되었다는 것이다.

이제 류성룡의 진언이 새겨진 비석을 본다.

> 성상聖上께서 우리 땅을 한 걸음만 떠나셔도 조선은 우리의 것이 아닙니다. 지금 동북의 여러 도가 옛과 다름없고 호남의 충신 의사가 곧 벌떼처럼 일어날 것인데 어찌 나라를 버리고 압록강을 건너가는 의론을 해야 하겠습니까.

임진년에 왜적들이 쳐들어오자 왕궁과 백성을 버리고 피난길에 급급했던 선조가 나라야 중국으로 넘어가든 말든 압록강을 건너 일신을 도모하려 하자, 류성룡이 임금에게 '나라를 버리자는 의논은 할 수 없다'는 진언을 한다. 글 속에 류성룡의 의분이 살아있는 듯하다.

5년 전에 출판사로부터 책 한 권을 선물 받았다. 개성이 돋보이는 주제의식으로 강한 인상을 받은 책이었다. 글의 내용은 임진란을 시대배경으로, 제 살길만 찾는 용렬한 임금을 탄핵하며 구국을 위해 지사충성하는 신하들의 행적을 기리고 있었다. 류성룡의 '어찌 나라를 버리고…'란 대목에서 국정 최고 지도자의 자질이 국운에 끼치는 영향에 대해 통감하던 당시의 기억이 새롭다. 책을 지은 이는 젊은 목사였고, 제목은 『王에게 죄를 묻노라』였다.

나라를 구하자는 격문檄文이 새겨진 비석들을 한 번 더 둘러보다 오후 5시가 되어서야 송홧가루 뽀얗게 덮인 구두를 털며 독립기념관을 나선다. 입구에 줄지어 핀 흰 철쭉, 붉은 철쭉이 화사하게 손을 흔들어 배웅을 해준다. 나는 경기도 용인으로 갈 참이다.

친구는 '찾아오는 데 힘들지 않았냐?'며 반갑게 내 손을 잡는다. 나는 '찾아와서 일에 방해가 되지 않느냐?' 묻고, 친구로부터 '전혀!'란 답변을 받아놓는다.

친구는 용인에서 골프장을 짓는 공사 책임자다. 마침 하루

일과가 끝나는 시간에 찾아왔다며 오늘 밤은 여기서 자고 가라고, 아니 자고 가야만 한다며 다짐을 받는다. 친구는 조감도와 골프장을 보여주며 공정을 설명한다.

푸른 잔디 넓게 깔린 골프장을 짓기 위해, 수만 년간 푸르던 청산은 무참하게 까뭉개졌다. 나무는 쓰러지고 땅은 파헤쳐져 온통 붉은 황토색이다. 저 산에서 둥지를 틀었던 작은 새와 길짐승들은 다 어디로 갔을까…. 친구는 한우고기 맛이 끝내주는 식당이 있다며 앞장을 섰다. 좋은 친구와 좋은 술과 좋은 안주를 마주하고 앉아 우리는 엉뚱한 이야기를 시작했다.

나　오기 전에 인터넷으로 지도검색을 해보니 거짓말 좀 보태서 용인 땅의 반이 골프장이더구나.

친구　용인만 그런가. 머잖아 경기 남부는 논밭보다 골프장이 더 넓을 거야.

나　손바닥만 한 나라에 골프공화국을 만드는구먼. 친구는 골프 잘하나?

친구　웬만큼은 하지. 넌?

나　배우다가 관뒀어. 20년 전에 사장님이 사준 골프채를 술로 바꿔먹었지.

친구　그래! 나도 골프를 좋아하진 않아. 직업 땜에 골프장을 짓고 있지만 난 자연주의자야.

나　자연주의? 누구에게나 자연스러웠던 자연을 왜 허물어 울타리를 치는 거지? 수질정화를 한다면서 강변에 골프장을 짓는 건 뭔 경우지?

친구　우리나라는 자본주의 아닌가. 나라에 정식 허가받고 하는 거라네.

나　자본주의? 쉰 냄새가 나는군. 김영미 시인의 말마따나 왜 우리나라의 명함께나 돌리는 사람들은 취미가 모두 골프여야 하는지 모르겠어.

친구　너도 사업이나 교제를 위해서는 해야 할 텐데.

나　난 쉬는 날이면 집에 가기도 바빠. 왜 울타리 속에 갇히겠나?

친구　그래도 요즘 대세가 골픈데.

나　골프 못한다고 하면 놀랍게, 또 한심하게 쳐다보는 사람도 많아. 심지어 친구들 중에도.

친구　내가 공짜로 가르쳐주면 할 터?

나　No! 며칠 전에 TV 대담프로에서 한 대학생이 안철수 교수에게 물었어. "인생 성공이란 정의는 무엇이라 생각하십니까?" 안 교수가 대답했지. "인생 성공의 정의는 삶의 흔적을 남기는 것이다."

친구　삶의 흔적?

나　세상에 태어나 큰 흔적이 아니라면 주위에 작은 흔적이라도 남겨야 되지 않겠어. 골프는 좋은 운동이지만, 나한텐 안 맞는다는 생각이야. 시간이 아까워.

소주 두 병은 나 혼자 다 마셨다. 친구는 평생 마셔야 할 술을 2,30대에 이미 다 마셔 속탈이 났고, 요즘은 흉내만 내는 정도다. 우리는 2차로 백암 막걸리를 맛보기 위해 자리에서 일어났다. 친구는 먼저 계산대로 달려갔다. 그리고 신용카드의 전표에 이름을 흘려 적었다. '정찬형'

— 2011년 5월 15일(일)

찬형이가 많이 아프다. 우리가 만난 지 6개월 후에 친구는 암 수술을 받았고, 지금은 남양주의 깊은 산속에서 요양을 하고 있다. 오늘 찾아갔는데 홀쭉해진 얼굴이 나를 슬프게 했다. 암이 재발하지만 않으면 살 수 있다고 담담하게 말하는데 자칫 눈물을 떨굴 뻔했다.

— 2012년 7월 8일(일)

개에게 영혼이 있는가

쉬는 일요일 아침이면 '동물농장'이란 TV프로를 본다. 여기에 얼마 전부터 동물심리 분석가(애니멀 커뮤니케이터) '하이디'라는 외국 여자가 나와 동물들과 교감을 나누는데, 보면서도 믿기 어려운 장면들이 나온다.

2년간 옥상에서 내려오지 않는 강아지, 수년째 자신의 털을 뜯어내며 자학하는 고양이, 어느 날 통제 불능으로 돌변한 경주마 등등, 매주 한두 편씩을 보여준다. 이 프로를 보면 가축들의 이상행동은 결코 낮은 지능이나 영혼의 부재가 원인이 아니라 사람으로부터 기인한 것임을 알 수가 있다.

그중에서도 2년 가까이 한쪽 벽만 쳐다보고 누워있는 개가 있다. 혈통을 알 수 없는 작고 마른 늙은 개다. 다른 개들이 떠들고 난리를 쳐도 이 개는 벽에 머리를 붙이다시피 하고 있다. 어느 누가 불러도 귀찮아할 뿐이다. 아무리 몸을 떼어놓아도 금세 다시 벽으로 되돌아간다. 그 옛날 소림사에서 7년 면벽수

공을 했다는 달마대사의 이야기는 들어봤어도 개가 무엇을 얻으려 면벽을 고집하는 것인가?

하이디가 이 면벽견과 교감을 통해서 들려준 이야기는 이러하다. 개는 예전 주인집에서 10여 년을 사랑받으며 살아왔다. 그러나 개가 늙고 병이 들자—백내장에 커다란 혹까지 엉덩이에 달렸다—주인은 어느 날 멀고 외진 곳에 개를 버리고 가버렸다. 다행히 개는 유기견 보호소를 거쳐 동물병원으로 옮겨진 후, 혹도 제거하고 병원 뒷방에 쉴 곳도 갖게 되었다. 그러나 개의 세상은 달라졌다. 2년 전 평생을 의지하던 주인에 의해 차가운 땅바닥에 버려졌을 때 모든 게 끝이 났다고 생각했다. 또한 수술 마취에서 깨어났을 때 살아있는 것에 놀랐다고 했다. 그리고 개는 하이디에게 말했다.

"나에게 잘해주는 원장과 간호사에게는 정말 고맙고 미안하지만, 나는 이미 늙고 병들었으며 삶의 의욕마저 잃었으니 그냥 내버려두라고 전해주시오. 난 이대로 생을 마치고 싶소."

하이디가 이 말을 병원 사람들에게 전하고 나자, 늙은 개는 일어나 원장과 간호사에게 다가갔다. 개가 병원에 온 이후로 벽에서 떨어져 사람들과 마주하기는 처음이라며 병원 가족들은 모두 울었다. 울음을 참지 못하는 건 그들만이 아니었다. TV 촬영기사도 울었다. 물론 우리 집도 울었다.

동물의 이성적理性的 사유는 가능한가? 만약 하이디라는 여자가 TV와 공모하여 사기를 치지 않았다면 자기 몸을 학대까지 하는 동물들의 정신적 스트레스 장애는 어떻게 해석을 해야 할까? 또한 음식과 치료를 거부하는 절망적 허무주의에 빠진 면벽견의 사고는 어디에서 온 것일까?

이런 동물들을, 진화의 끝인 영장의 육체를 담보하여 술, 담배, 마약, 자살로 자기파괴를 일삼는 인간들과 비교해 보는 것은 의미가 있는 일일까? 스트레스 해소와 영적인 자유를 빌미로 찰나적 쾌락주의를 변명하는 인간들과는?

동물의 영혼 문제는 누구도 풀지 못할 숙제다. 그러나 상대방이 자신을 사랑하는지 미워하는지를 빠르고 정확히 간파하는 능력은, 영혼을 가졌다고 자신하는 사람 쪽이 아닌 것 같다.

개에게 영혼이 있는가? 난 며칠째 출가스님의 고민을 흉내내고 있다. 일찍이 석가세존께선 "유무정有無情의 만물이 모두 부처가 될 수 있다"고 하였으나, 조주趙州선사는 "개도 부처가 될 수 있습니까?"라는 제자의 물음에 "무無"라고 잘라 답하였다. 무가 옳다면 석가의 설법이 틀린 것이며, 무를 틀리다면 조주의 말이 거짓이 된다.

나는 오래전에 스님들이 평생 공부하는 '無'자 화두를 불경스럽게도 주무른 적이 있다.

내가 보니 석가의 말씀도, 조주의 대답도 모두 진리다. 개보다는 명석한 것이 사람이지만 그 심지心地, 心志가 어떻게 되어 먹었느냐에 따라 개보다 나을 수도 못할 수도 있는 것이다. 즉 평상심의 개보다도 사람의 심지가 오히려 못할 수도 있으니 '사람만이 부처가 된다'는 법은 없다는 경계警戒가 석가의 가르침이고, '개마저 부처가 될 수 있다면 사람이 왜 부처가 될 수 없겠느냐. 개가 부처가 되는 건 모든 사람이 부처가 된 다음이니 이것은 불가능하다'는 게 조주의 가르침인 것 같다.

이 같은 글을 써놓고 감히 남에게 보여주기까지 하였다. 내가 이같이 천박하게 굴 때 우리 집에는 '용구'라는 진돗개가 한 마리 있었다. 나는 사실 '용구' 이야기를 하고 싶은 것이다.

새끼 때부터 한 식구가 되어 2년을 키워온 수컷이었다. 한 20년 같이 살 작정이었으나, 내가 사업을 접고 빚에 쫓기게 되자 시골 친척 집으로 보내게 되었다. 용구를 친척 집에 맡긴 후, 우리 식구는 틈만 나면 찾아가 용구를 보듬고 놀았다. 그리고 헤어질 때면 귀에다 대고 약속하였다.

"용구야, 조금만 참아. 돈 벌어서 꼭 널 찾으러 올게."

헤어질 때마다 서럽게 울어대는 용구의 곡성은 시골을 갔다 온 며칠 동안 우리 식구의 마음을 무겁게 하였다.

그러나 용구는 시골 친척 집에서 3년을 보내고 불여의한 사정으로 인해 다시 낯모르는 사람의 손에 목줄이 잡혀갔다. 나는 아직껏 빚에 쫓기는 상태였고 짐짓 용구의 소식은 알려고 들지도 않았다. 몇 차례 주인이 바뀐 후 용구가 마지막으로 간 곳은 과수원이라고 아내가 알려주었다.

용구를 마지막으로 본 지 4년 하고 두 달, 나는 우연히 일요일 아침 TV에서 주인에게 버림받고 절망에 빠진 면벽견을 보게 된 것이다. 아내와 나는 눈물 글썽한 눈을 마주 보았다. "용구를 찾아옵시다. 용구는 우리 약속을 잊지 않고 있을 거요." 나는 나대로, 아내는 아내대로 용구의 행방을 찾기 시작하였다. 또 한편으로 용구를 키울 마당 있는 집을 얻기 위해 집값이 싼 변두리를 돌아다녔다.

한 달 전, 지인으로부터 소식이 왔다. 용구는 작년에 죽었다고 하였다. 늙어서 죽었다고 하였다. 묻어주었다는 말도 하였다. 20년을 같이 살려 하였는데 겨우 9년 만에 생을 마친 것이다. 나는 관심이 떠난 듯 아내에게 아무런 말도 하지 않았다.

동물의 이성적 사유는 가능한가? 만약 동물에게 이별의 아픔, 외로움, 그리움, 절망감 같은 이성적 사유가 가능하다면 나는 용구에게 평생토록 죄송한 마음을 가져야 당연할 것이다.

개에게 영혼이 있는가? 만약 개에게 영혼이 있다면 죗값을 갚기 위해서라도 용구가 환생하여 좋은 벗으로 다시 한 번 만나지기를 간절히 소망해 보는 것이다.

아내는 용구의 죽음을 나보다 먼저 알았었노라고 며칠 전에 고백하였다.

— 2009년 5월

남자의 굳은살

금년 말로 경영실적이 좋지 않은 사업소 하나를 없애기로 하면서 13년 다니던 회사를 그만두게 되었다. 젊은 직원들은 타 사업소로 자리를 옮겨갔지만, 나이 든 부서장들은 모두 사직서를 제출하였다.

서른 중반부터 시작해 소위 '한창 일할 나이'를 몽땅 써버린 회사에서 송별연을 하고 나온 밤거리는 몹시 추웠다. 그래도 세모를 맞는 서울 강남의 거리에는 많은 사람들이 휘청거리고 있었다. 즐거움에 들뜨든, 슬픔에 잠기든 휘청거리긴 마찬가지였다. 내 다리가 좀 더 휘청거릴 뿐.

다음 날 아침, 여관에서 깨어나 고속도로를 타고 내려오며 풀어진 눈알로 차창 밖을 내다보았다. 솔직히 말해 창밖을 본 건지, 차창을 본 건지는 확실치 않다. 하지만 다섯 시간을 눈뜨고 있었으니 무언가를 보긴 본 것이다. 낮게 드리운 잿빛 하늘, 앙상한 나무들의 산, 산그늘에 엎드려 눈을 덮어쓴 무덤, 바싹 말라 터진 논바닥, 길가에 줄을 세운 전봇대, 전깃줄에 무섭게 앉아있는 까마귀 떼, 고속도로 갓길을 달리는 빈 화물트럭, 터널 속을 달리는 뿌연 형광등, 아파트 꼭대기에서 저 혼자 돌아가는 벤츄레이터….

나의 청년시절 꿈은 실크로드를 따라가 보는 것이었다. 중국 만리장성의 동단東端 산해관을 출발하여 서쪽 끝의 가욕관까지 가보고, 둔황을 거쳐 타클라마칸 사막을 넘어, 사마르칸트를 지나 터키의 국경까지 가보는 것이었다. 그러나 꿈은 그냥 꿈일 뿐, 내 발걸음은 아직 산해관에도 미치지 못하였다.

나의 산해관 가는 길은 무척이나 꼬불꼬불하였다. 부산서 출발하여 마산, 울산, 거제를 거쳐 서울, 영주, 보령, 상주, 서산을 넘어 목포에까지 이르렀다. 어떤 곳은 짧게 두세 번씩 들락거리기도 하였고, 어떤 곳에서는 길게 몇 년을 머물기도 하였다. 울산에서는 지금의 아내를 만나 짐을 하나 더 만들었고, 자식까지 생겨나 무게를 더하였다.

어느덧 이제는 나이가 50이 되어 꿈을 포기할 때가 되었다고 생각하는데, 그래도 가끔씩 퇴화된 날개는 '한 번만 날아 보잤구나' 하고 겨드랑이를 간질인다. 머릿속에서 희망과 야심의 말소된 실크로드 페이지가 딕셔너리 넘어가듯 번뜩일 때마다 이제는 내릴 수 없는 짐을 억울해하며, 술잔에 비친 희끗한 머리를 슬퍼할 뿐이다.

내가 『달과 6펜스』를 읽고 깊은 감상에 빠진 것은 30대 초반이었다. 런던에서 증권 중개인으로 잘나가던 스트릭랜드가 화가가 되기 위해 홀연히 파리로 떠나 온갖 고초를 겪어가며 자신의 꿈을 실천해가는 이야기였다. 소설 속에서 스트릭랜드가 가정과 직장을 버리고 달을 따라 몸을 날린 것은 40대 초반이었으니, 나에게는 아직 꿈을 실천하기까지 10년의 유예기간이 남아있다고 자위를 했었다. 반드시 10년 안에 지긋지긋한 떠돌이 생활을 청산하고, 산해관이든 가욕관이든 한 번 날아가리라고 결심을 했었다.

그러나 무정한 세월은 나에게 굳은살과 지방간과 흰 머리만 쌓아놓고 20년이나 흘러가버렸다. 50이란 나이는 스트릭랜드가 긴 방랑을 접고 타히티에 정착하여 자족한 예술활동을 하던 시기였다. 그의 예술지상주의가 절정에 달하던 나이다. 그런데 나는 어떻게 되었나?

꿈이 바뀌었다. 산해관은 무너지고 실크로드는 사라졌다. 어이없게도 40이 되면서 꿈이 바뀌었다. 나의 새로운 꿈은 집 가까이에서 출퇴근하는 직장을 구해 진돗개나 한 마리 기르며, 주말은 햇살이 따스한 5평짜리 서재에서 빈둥거리고 싶다는 것이었다.

그러나 그것도 쉬운 게 아니었다. 또다시 10년이 지났건만 여전히 직장은 처자식과 천 리나 떨어져 있고, 진돗개를 키울

개집도 사지 못했고, 주말이면 서재는 고사하고 건설현장에서 욕이나 먹지 않으면 다행인 삶을 살고 있다. 비루하고 처연하다는 생각이 잠자리에 누울 때마다 드는 인생이다.

『달과 6펜스』에서 화자인 '나'는 파리에서 만난 스트릭랜드에게 당신은 그림을 그리기에는 너무 늦은 나이며, 한 가정의 가장으로서 너무 무책임하지 않느냐고 따진다. 이에 스트릭랜드는 다음과 같이 말한다.

"그리지 않고는 못 견디겠는 걸 어찌하겠소. 이 마음은 나 자신도 어쩔 수 없는 거요. 사람이 물에 빠졌을 때 헤엄을 잘 치고 못 치고를 따지고 있겠소? 어떻게 해서든지 물속에서 떠오르지 않으면 빠져 죽을 것 아니오!"

물에 빠졌을 때의 심정이라… 그런 절박함이 없을 때는 스스로 뛰어들어서라도 느껴야 하는, 무모해 보일 정도의 용기가 있어야만 되는 것인데…. 그런데 나는 물을 겁내는 늙은 닭처럼 퇴화된 날개나 뒤적이며 가끔씩 겨드랑이나 긁고 앉았으니, 또 이렇게 60이 되기만을 기다리고 있을 것인가.

그렇다고 물로 확 뛰어들기에는—여기서 말하는 물이란 실크로드가 아니라 가족과 붙어살고, 진돗개 똥 치우고, 서재에서 꾸벅꾸벅 조는 삶—겁이 나는 게 사실이다. 당장 직장을 때려치우고 진돗개 한 마리 사들고 집으로 내려간들 과연 아내가 장한 결정이었다고 뽀뽀를 해줄까. 아들이 엄지를 세워줄까.

30여 년 전에 〈황야의 7인〉이라는 영화가 있었다. 미국과 멕시코의 국경지대에서 힘없는 농부들을 약탈하는 무법자들에 맞서 마을을 지켜주는 총잡이들의 활약을 그린 영화였다. 율 브리너, 찰스 브론슨 등의 당대 최고 스타들이 출연하였는데, 극중에 이런 장면이 나온다.

마을 입구에서 망을 보고 있는 찰스에게 살금살금 다가온 아이들이 말을 건넨다.

"아저씨는 목숨을 걸고 우릴 지켜주는데, 우리 아버지는 싸울 생각이 없어요. 우릴 보고 숨으라고만 하죠. 아버지는 비겁해요."

찰스는 아이의 엉덩이를 몇 대 때리며 말한다.

"네 아버지는 용감한 분이야. 너희를 위해서 참고 있을 뿐이야. 이 아저씨는 네 아버지처럼 가족을 지킬 용기가 없어. 그래서 이렇게 총을 들고 있는 거야. 사랑하는 가족을 위해 모든 걸 참을 줄 아는 네 아버지가 진짜 용기 있는 남자야."

이상하게도 얼마 전부터 총 쏘고 말달리는 활극 〈황야의 7인〉에서 유독 이 장면이 생각나는 건, 스스로를 위로하기 위한 잠재의식의 발로인지도 모른다. 감히 물에 뛰어들지도 못하고 앞으로도 뛰어들 가능성이 희박한 범재가, 한때 흉내 내고자 했던 천재·영웅의 행적에 한숨을 내쉬며 용기에 대한 변명거리를 마련하고자 함일지도 모른다.

비록 중간에 얼어 죽는 한이 있어도 눈 덮인 킬리만자로를 오르는 표범이 될 것인가, 사랑하는 가족을 위해 모든 걸 참을 줄 아는 소가 될 것인가는 개개인의 몫이다. 하지만 우리 속의 소는 늘 부러워할 것이다. 킬리만자로를 오르다 얼어 죽은 표범을!

누가 나에게 청년시절의 꿈이 왜 실크로드였냐고 묻는다면, 그래서 당신 인생에 달라진 것이 무어냐고 묻는다면 이렇게 대답할 것이다.

"그땐 눈앞에 오아시스가 아른거려 못 견디겠는 걸 어찌하겠소. 내가 찾고자 하는 것은 신기루가 아닌 실체였소. 그저 모래바람이나 맞고, 초원에서 새우잠이나 자기 위해 떠나려던 것은 아니겠소. 그래도 최상급의 비단을 구하려면 비단에 대해 알고나 가야 할 것 아니오. 그래서 관련서적을 구해 읽고 지리와 역사를 공부하게 되었소. 무식하던 내가 중국사를 공부하다 보니 한국사를 돌아보게 되고 동양사까지도 들추게 되었소. 자연히 한문을 공부하게 되었고, 저절로 이백 · 두보를 알게 되어 한시에까지 흥미를 갖게 되었다오. 그러다가 언제부턴가 나도 글을 쓰고 싶다는 욕심이 생겨나고, 얼마 전에는 기어코 책까지 엮어내는 부끄러운 일마저 일어난 것이요. 이러한 것들이 다 실크로드로 인해 생겨난 소득이니 내가 비록 실크로드에 발을 디딘 것은 아니지만 실크로드의 실크만은 제대로 구경했다고 말할 수 있지 않겠소?"

— 2011년 세모

[蛇足] 문화심리학자인 김정운 고려대 교수는 니코스 카잔차키스의 『그리스인 조르바』를 읽고 "이 책이 던지는 '자유'라는 질문에 견디다 못해" 얼마 전 대학에 사표를 냈단다. 오로지 '현재'에 충실하며 과거와 미래에 얽매이지 않는 자유인의 삶을 선언한 것이다. 부럽다. 나도 지금 맡은 건설공사가 내년에 끝이 나면 자유선언을 흉내라도 내볼 작정이다.

— 2012년 어린이날

내 24살의 상처

그때 24살이었다. 달랑 가방 하나 들고 산으로 들어간 때가. 세상은 어수선하였다. 광주에서는 민란이 일어났단다. 시청 앞에는 탱크가 섰고, 대학교 정문은 무장한 군인들이 지켰다. 온갖 흉흉한 소문이 갈대바람처럼 몰려다녔다. 청년들은 셋 이상 모이기가 힘들었다. 친구들은 일어서면 머리가 천장에 닿는 서면 복개천의 다락방 술집에서 나의 송별연을 한숨으로 해치웠다.

내가 간 곳은 경북 청송青松이었다. 지금은 주왕산 국립공원까지 아스팔트로 일주도로가 나 있지만, 그때는 비포장도로에 오후 5시면 버스가 끊기는, 근방에선 꽤 알려진 약수터가 있는 산골이었다. 그렇다고 그곳까지 찾아 들어간 것이 시대적 아픔이나 좌절 때문은 아니었다. 24살의 괴테처럼 실연의 상처를 안고 『젊은 베르테르의 슬픔』을 쓰기 위함도 아니었다. 나는 전도무망前途無望한 백수였고, 저금통장 하나 없는 거지였다.

심지어 머릿속까지 비어 있었다.

봄에 아버지가 돌아가셨다. 고향이 이북인 아버지는 전쟁피난민이 되어 남쪽 끝까지 내려왔다가 나를 만들어 놓고 30년 만에 혼자 고향으로 돌아가신 것이다. 나는 부산에서 태어났지만 아버지로 인해 붉은 동백꽃이 흐드러진 원산元山 명사십리 바닷가를 고향처럼 그리며 자랐다. 부산에서 태어나 부산이 고향이 아닌 피난민 2세는 아버지가 떠나자 자신도 그렇게 부산을 떠났던 것이다.

아버지는 암 투병으로 몇 해를 고생하셨다. 내가 밖에서 돌아오면 아버지는 촉수 낮은 알전구 밑에서 검은 타액이 가득 담긴 깡통을 끌어안고 계셨다. 한 칸짜리 쪽방, 새벽 1시의 괘종소리, 한 뼘 봉창에 비친 창백한 달빛, 그리고 베갯잇에 떨어지는 한숨…, 아버지의 기침과 신음과 괴기한 냄새는 고통스런 올가미였다. 천장은 언제라도 무너질 것만 같았고 나는 비명을 참기 위해 숨을 몰아쉬어야 했다. 나는 도망칠 궁리만 하였다.

아버지는 '때'가 되었음을 아셨다. 고통의 끝에 입원을 하셨고, 의사의 권유에 따라 곧 퇴원을 하셨다. 그리고 얼마 후 동백꽃이 지기 전에 고향으로 돌아가셨다. '광주 5.18'의 며칠 후였다. 과연 나는 올가미에서 해방된 것인가.

청송 산골에서 내가 할 수 있는 일은 아무것도 없었다. 다행히 닭백숙을 생업으로 하는 식당에서 세끼 밥과 잠자리를 얻었다. 그 대가로 오전에는 약수를 받아놓고 땔감 장작을 팼다. 저녁에는 주인집 남아의 공부를 가르쳤다. 그래도 시간은 많이 남았다. 시냇물에 발을 담그고 물고기가 깨물 때까지 내려다보았다. 새벽에 산을 올라 밤하늘의 별자리를 올려다보았다. 꿈적도 하지 않는 『차라투스트라』를 붙들고 씨름도 하였다. 외로움에 고양이 한 마리를 사서 키우기도 하였다. 이름은 '찐珍'이었다.

꿈속에 아버지가 자주 보였다. 어릴 때 돌아가신 어머니는 한 번도 나타난 적이 없었는데 아버진 자주 왔다 가셨다. 어느 새벽에 잠이 깨어 베개에 묻은 눈물자국을 보았다. 그날 「아들의 눈물」이라 제목 붙인 시를 썼다.

산으로 들어온 지 계절이 두 번 바뀌었다. 밤하늘, 전갈이 있던 자리에는 오리온이 들어섰다. 화려했던 단풍은 져가고 시냇가엔 살얼음이 붙어 꼬마들이 썰매를 손질할 즈음이었다. 골짜기를 훑어 내리는 바람소리에 내 가슴도 떨리기 시작하였다. 내 속에도 살얼음이 끼이기 시작하였다. 나는 얼음을 녹이려고 깡소주를 마셔댔다. 주인집 아들이 거지 선생을 위해 안주로 산토끼를 잡아왔다.

무엇을 할 것인가. 어떻게 살아갈 것인가. 살아지기나 할 것인가. 이런 피난살이 같은 생활이 내 젊음에 무슨 의미가 있을 것인가. 해가 바뀌어 25살이 되어도 계속 이러할 것인가…. 아무런 미래가 보장되지 않은, 잠들 수 없는 나날이었다.

쓰자! 나는 펜을 들었다. 그때 내가 할 수 있는 건 '쓰는 것'뿐이었다. 나는 신춘문예를 겨냥하였다. 문학으로 자신을 정화하고 세상을 계도한다는 건 사치스런 말장난이었다. 신춘문예만이 나의 존재증명이 가능한 리트머스였다. 솔직히 말하면 돈, 상금이 필요했다고 말해야 한다. 나는 거머리같이 원고지에 달라붙었다. 그리고 가까스로 단편소설 하나를 탈고했다.

매일같이 빨간 자전거로 산골짜기까지 찾아오는 우편배달부에게 신춘문예 원고를 맡기지 않은 것은, 배달부를 믿지 못해서였다. 나는 직접 읍내까지 걸어가 우체국에서 원고를 부치고 접수계에 확인, 또 확인을 하였다.

성탄절이 되었다. 냇물은 꽁꽁 얼어붙어 동네꼬마들은 신나게 얼음을 지쳤고, 나는 24살의 삶에 지쳤다. 우편배달부는 당선통지서를 전해주지 않아 더욱 지치게 하였다. 나는 배달사고를 걱정하며 매일 밤 당선소감을 고쳐 썼다.

그해의 마지막 날이었다. 나는 부산에 있었다. 내가 산에서 내려왔다고 친구들이 모였다. 그 시절의 젊음은 밤새 마셔야 한다는 오기, 반항과 패배감이 공존하던 때였다. 하물며 나를 현실도피자가 아닌 자연주의자로 착각해 주는 착한 친구들에게는 쉽게 헤어질 수 없는 밤이었다. 취객들은 나처럼 선친의 고향이 이북인 최치정의 집으로 술판을 옮겼다.

그 밤, 청춘들은 무슨 얘기를 하였을까. 술 마시는 동안 해가 바뀌었다. 해를 넘기며 술을 마신 것이다. 불투명한 우리들의 장래와 우리만큼 앞이 보이지 않는 나라 걱정도 했을 것이다. 아무튼 제야의 종소리는 우리에게 아무런 울림도 주지 못하였다.

춥고 깜깜한 새벽 5시였다. 나는 친구 집 현관에 떨어진 D일보를 집어 들고 몰래 집을 나섰다. 100미터쯤 떨어진 골목의 전봇대 갓전등 아래서 신문을 펼쳐들었다. 전등 불빛은 신년호 1면의 신춘문에 당선자들 이름 위로 환하게 쏟아졌다. 나는 그 낯선 이름들을 한 번 외워보았다. 그리고 두 개의 지면을 독차지한 신인 소설가의 화려한 데뷔작품을 취한 눈으로 쳐다보았다. 긴 한숨이 연기처럼 신문 위에 쏟아졌다.

그러다가 내 눈길은 심사평으로 옮겨갔다. 심사위원들의 사진 아래, 예심을 거쳐 최종까지 거론된 몇 개 작품의 소개가 실려 있었다. 그리고 그 속에 내가 쓴 소설의 제목이 보였다. 순간, 새벽 청송 산골짜기에서 듣던 시내의 얼음판 터지는 소리가 '쩡~' 하고 들려왔다. 나는 눈물을 찔끔 흘렸는지도 모르겠다.

나는 다시 산으로 들어갔다. 남은 겨울을 마저 보내고 시냇물이 제 소리를 낼 즈음에 보따리를 싸서 내려왔다. 1년의 산거생활을 끝낸 내 모습은 처음 들어올 때와 다름이 없었다. 여전히 외톨이였고 무직에 무일푼이었다. 그러나 나에겐 작은 보물 하나가 생겼다. 조조를 치러 가는 장비의 품에 숨겨진 옥배玉杯처럼, 낮의 힘든 싸움이 끝나면 한 잔 가득히 술을 채워 놓고 "참으로 멋진 싸움이었다!"며 다친 상처에 잔을 세울 수 있는, 그런 자신감이 생긴 것이다.

몸속에 들어온 모래가 낸 상처를 진주로 만드는 것은 조개의 힘이다. 모래를 피하기만 하면 진주는 얻지 못할 것이다. 힘들어도 상처를 아끼고 견뎌낼 줄 알아야 보물이 생긴다는 걸, 그때 조금은 깨달았던 것 같다. 내 24살의 상처는 참으로 아름다운 것이었다.

PART

비

요즘도 나는 휴일 아침이면 가끔 빵으로 아침을 먹는데,
그럴 때면 꼭 노란 크림빵 하나를 챙긴다.
빵 이름이 '슈크림 빵'이라고 마누라가 정정을 해주지만
그래도 나는 '노란 크림빵'이다. 옛날의 그 황홀했던 맛은 결코 아니지만
나에게는 평생을 두고 잊지 못할 노란 크림빵이다.

노란 크림빵

흑백 영화 같은 장면 하나가 있다. 배경은 부산 남포동의 피닉스 호텔 건너편, 지금 남포 사거리의 자갈치 쪽 방향이다. 황량한 시멘트 보도블록 위에는 겨울을 버티고 있는 깡마른 가로수가 차로와 인도의 경계에 줄을 지어 서 있다. 그 한 가로수를 붙들고 있는 초로의 부인이 있다. 청보라 두루마기를 입은 부인은 흐느끼고 있다. 잎새 하나 없는 플라타너스 나무기둥에 얼굴을 묻고 숨죽여 눈물을 흘리고 있다. 부인의 등 뒤로 중학교 교복을 입은, 허옇게 버짐 먹은 얼굴에 동상 걸린 귀때기가 시커먼 사내애가 부인의 소매 끝에 매달려 덩달아 울상이다. 지나가는 사람들이 힐끗 쳐다본다. 사내애는 부인의 소매를 끌어당긴다.

"어머니, 제가 더 열심히 공부해서 내년에 인문계 고등학교 갈게요. 실업계 보내는 게 마음 아프다고 늘 그러셨잖아요."

그 말에 부인은 두 손으로 얼굴을 가린다. 쪽찐 머리를 끄덕이며 눈물을 참기 위해 입술을 앙다문다. 자갈치 바닷가에서 불어오는 칼날 바람이 가로수 잔가지를 치며 지나간다.

어머니 고향은 함경남도 원산元山이다. 전쟁으로 실향민이 되셨고 피난지 부산에서 같은 처지의 아버지를 만나 나를 낳으셨다. 어머니는 좋은 집안에서 막내딸로 태어나 넉넉한 생활을 하셨던 모양이다. 그러나 세상이 바뀌었다. 전쟁이 허물어 놓은 어머니의 인생 후반기는—실향민의 대부분이 그러했지만—인고의 나날이었다.

내가 어릴 때, 어머니는 집안에서 한복 짓는 일을 맡아 하셨다. 좁은 방 안에는 늘 치마저고리의 화사한 옷감이 펼쳐져 있었고, 발로 젓는 재봉틀 소리가 탈그닥거렸다. 나는 재봉틀 아래서 알록달록한 옷감자투리를 만지며 놀았다. 가끔 내가 어머니를 도울 수 있는 일은 바늘귀에 실을 꿰어 드리는 일이었는데, 나는 그때마다 자랑스러웠고 가슴이 뿌듯하였다.

내가 중학생이 되었을 때, 어머니는 백내장 수술을 받으셨다. 눈이 나빠지신 어머니는 수술 후에도 가끔 한복을 지을 때가 있었으나 그저 용돈벌이 정도에 그쳤다. 살림이 쪼들렸던 어머니는 아버지가 하시는 구멍가게의 한편을 쪼개 빈대떡을 부치기 시작하셨다. 빈대떡은 제법 인기가 있었는데, 손님이 앉을 수 있는 식탁은 하나뿐이어서 대부분 저녁에 안주로 사가는 사람이 많았다. 어머니는 손수건만 한 유리창 앞에 앉아 늦게까지 빈대떡을 부치셨다. 그 당시 우리 집 방바닥에는 크고 작은 그릇들이 늘 펼쳐져 있었고, 해가 지면 맷돌 돌아가는 소리가 밤늦도록 드르륵거렸다. 마른 녹두껍질을 벗기기 위해 한 번을 갈고, 물에 불린 녹두를 죽처럼 만들기 위해 다시 한 번을 갈았다. 나는 학교를 다녀와 주로 밤중에 어머니와 마주 앉아 맷돌을 돌렸다. 막대 손잡이를 아래위로 같이 쥐고 어머니와 호흡을 맞춰가며 돌렸다. 어머니의 손은 맷돌도 돌리고 맷돌 구멍에 녹두도 집어넣느라 쉴 틈이 없었다. 그때 어머니와 아들은 마주 앉아 무슨 이야기를 하였을까. 늦은 밤까지 도란도란 말이 아주 많았었는데….

아버지의 가게는 갈수록 어려워졌고 우린 이삿짐을 두 번이나 쌌다. 어머니가 가장 아끼던 재봉틀도 팔아치웠다. 아버지는 남은 돈을 털어 양계養鷄를 시작하셨다. 그러나 그것도 경험이 없어서 사들인 어린 닭의 절반이 죽어나갔다. 주로 압사였다. 내가 중학교 3학년이었던 그해 겨울은 매우 추웠는데 우리 식구에게는 정말 끔찍한 경험이었다. 닭장 속에는 연탄난로를 피웠다. 어린 닭들은 서로 난로 가까이에 몸을 들이밀었다. 난롯가에 닭들이 층을 쌓으면 재빨리 작대기로 닭들을 흩어놓아야 했다. 새벽에 언 몸을 녹이며 잠시 졸다가 닭장을 나가 보면 어느새 닭들은 난롯가에 켜켜이 쌓여 있었다. 닭들을 흩어놓고 보면 맨 밑에 깔린 닭들은 납작하게 죽어 있었다. 그럴 때면 아버지는 깔려죽은 닭들이 아까워서 한두 마리를 골라내 소주 안주를 하셨다. 방벽에 비친 자신의 그림자를 마주하고 앉아 한숨과 함께 뜯는 그 닭은 어떤 맛이었을까. 병아리 티를 겨우 벗어난, 차라리 병아리에 가까운 닭이었다. 그런 혹독한 겨울에 내가 고등학교 진학을 하게 된 것이다.

어머니는 아들을 인문계로 보내겠다고 입버릇처럼 뇌시었다. 그래야 대학도 가고 장래가 보장된다는 것이었다. 그러나 아들은 그런 실력이 되질 못했다. 어머니는 재수를 해서라도 인문계에 가야 된다고 말씀하셨다. 그러나 현실은 그렇지 못했다. 아들은 학비가 면제되는 국립고등학교를 택했다. 어머니는 "재수를 해서라도…" 하셨지만 이미 목소리에 힘이 빠지셨다.

입학금 등록 마감일이 다가오고 있었다. 국립이라 입학금도 저렴하였다. 실습비와 교재비가 전부였다. 그러나 숨 막히게 살기가 힘든 때이니 부모님은 서로를 믿고만 계셨나 보다. 내가 달력을 가리키며 내일이 마감이라고 하였을 때, 두 분은 난감한 얼굴로 서로를 피하셨다.

다음 날 아침 어머니는 나를 앞세워 고향인 원산서부터 알고 지내던 동생을 찾아갔다. 남포동 영도다리 아래에서 건어물 도매사업으로 성공한 부잣집이었다. 우리가 찾아갔을 때 동생이라 불리던 아주머니는 방안에서 TV를 보고 있었다. 흑백 TV 화면은 무지하게 컸다. 어머니는 마치 TV를 처음 본 듯이 부러운 찬탄을 연발하셨다. 돈 많은 집은 확실히 다르다는 분위기가 어느 정도 띄워졌을 때, 어머니는 조심스레 본론을 끄집어냈다.

"동생, 아이 입학금 아닌가. 금방 갚을 테니 좀 빌려주게나."

어머니가 눈을 내리깔고 사정을 하고 있는 사이, 나는 내 가까이에 놓인 빵을 훔쳐보고 있었다. 얇은 흰 봉지 안에 들어있는 빵은 절반쯤 뜯겨나간 모양새였다. 폭신한 빵 속에는 노란 크림이 보였고 향긋한 냄새가 솔솔 풍겨나고 있었다. 이 집의 유치원생 아들이 먹다 남긴 빵으로 짐작되었다. 나는 난생처음 맡아보는 빵의 향기에 취해버렸다. 자꾸만 봉지 안으로 가는 눈길을 참을 수가 없었다.

어머니는 고향 동생으로부터 돈을 빌리지 못했다. 요즘은 수금이 안 되어 돈이 말랐다는 것이었다. 어머니는 몇 번을 더 사정하였지만 결과는 마찬가지였다. 낭패한 얼굴의 어머니가 일어서기 직전에, 동생 아주머니는 선심 쓰듯 웃음 띤 얼굴로 나에게 말했다.

"먹고 싶으면 어서 먹어라."

아아, 나는 정말 치사한 놈이었다. 그 빵을, 그 집 꼬마가 먹다가 남겨놓은 빵을, 기다렸다는 듯이 날름 집어먹은 것이다.

어머니의 자존심을 살필 겨를도 없이…. 그때 내 나이가 열다섯이었다. 암만 철이 없고 가난하여도 염치를 알 만한 나이인데, 나는 그러지를 못했다.

영도다리 아래서부터 어머니는 20여 분을 걸으셨다. 버스 정거장을 몇 군데 지나도록 아무 말씀이 없으셨다. 자갈치 바닷가에서 불어오는 황량한 겨울바람을 맞으며 잠시 걸음을 멈추었던 어머니는 갑자기 눈에 티끌이라도 박힌 듯이 가로수 기둥에 얼굴을 묻으셨다.

눈물을 닦으며 다시 얼굴을 드신 어머니가 나를 데리고 간 곳은 자갈치 건너편, 지금은 해마다 부산국제영화제로 시끄러운 극장거리였다. 그 골목의 어느 고급 빵집으로 들어간 어머니는 빵을 한 접시 가득 시켰다. 나는 어머니께 가졌던 죄송한 마음도 잊고, 처음 맛보는 향기로운 빵맛에 금세 빠져버렸다. 좀 전에 주워 먹었던 노란 크림빵도 다시 맛보았다. 그러나 어머니는 끝내 하나의 빵도 잡숫지 않으셨다.

집으로 돌아온 어머니는 입학금 납부날짜를 하루 연기해 달라고 학교에 전화를 했고 허락을 받았다. 뒤늦게 이런 형편을 안 어머니와 아버지의 친구분이 돈을 들고 집으로 찾아오셨다.

그날 밤, 어머니는 숨죽여 많이 우셨다. 아버지는 자정이 다 되어서야 술 취한 비틀걸음으로 들어오셨다.

지금 생각해보면, 왜 그리 모두가 가난하고 힘든 세월을 보내야 했는지 눈물이 맺힌다. 요즘도 나는 휴일 아침이면 가끔 빵으로 아침을 먹는데, 그럴 때면 꼭 노란 크림빵 하나를 챙긴다. 빵 이름이 '슈크림 빵'이라고 마누라가 정정을 해주지만 그래도 나는 '노란 크림빵'이다. 옛날의 그 황홀했던 맛은 결코 아니지만 나에게는 평생을 두고 잊지 못할 노란 크림빵이다.

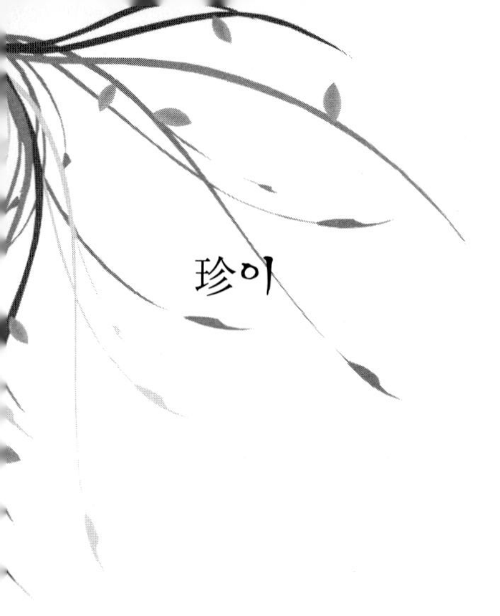

珍이

재작년 여름이었다. 정신적 지주(아버지)를 잃은 슬픔에 낭패한 몸짓으로 무거운 가방을 끌며 입산을 한 적이 있었다. 그때의 얘기를 해야겠다.

소나무로 사방이 둘러싸인 아늑한 산골이었다. 지명 그대로 청송青松이었다. 몇 년의 분주한 사회생활로 구겨져버린 내 곱다란 아취가 소나무 잔솔잎을 스치는 미풍에 의해 차츰 펴져갔을 때, 바쁜 사회생활에서 도피했다는 자책감은 어느새 잊어버리고 평생에 한 번 있기 어려운 이 휴가를 보다 보람되게 보내리라 다짐했다.

소나무의 넋두리에 귀 기울이고 시냇물에 발을 담그고 도(?)를 닦기도 했다. 독서로 밤을 새운 적도 있었으며 돌멩이 하나를 들여다보며 하루 종일 앉아 있었던 적도 있었다. 도시에선 할 수 없던 별을 헤는 밤도 있었다.

그러나 펜을 바쁘게 굴려가며 친구들에게 나의 낭만을 자랑

했지만 이따금 피어나는 향수와 외로움은 어쩔 수가 없었다. 낯선 땅 낯선 얼굴에서도 정은 찾을 수 있었지만, 비린내 나는 바닷가에 앉아 친구들과 천지개벽이라도 논하며 마시는 소주와 곰장어 맛의 기억은 언제나 나를 귀향의 염에 몰아붙였다.

산골 사람들은 일찍 잠을 잤다. 오후 9시면 산야는 벌써 깊은 잠에 빠져버렸다. 처음 한 달은 조용한 밤이 너무도 좋아 깊이 사색에 잠겨들 수 있었고 자정이 훨씬 넘도록 책과 씨름을 하기도 했었다.

그러나 달이 바뀌고 장시간 젖어온 내 도회적 타성이 고개를 들면서부터 책상 위에는 소주병을 놓는 빈도가 잦아지고 메모지에는 두서없는 낙서들이 촘촘히 메워지곤 했었다.

그렇게 또 한 달이 흘러갔다. 그러던 어느 장날에 책을 사러 읍까지 나갔던 나는, 그날 드디어 누이와의 첫 상봉이 이루어졌다.

동생은 다섯 남매들과 함께 서로 몸을 기댄 채 가마니 위에서 오수를 즐기고 있었다. 동그란 얼굴과 쫑긋한 귀, 콧방울 옆의 까만 점과 매끈한 다리는 단연 옆의 남매들을 압도한 채 귀티를 드러내고 있었다. 내가 살며시 볼따구니를 쓰다듬었을 때 그녀는 놀란 듯 눈을 떴다. 초롱초롱한 눈망울! 그녀의 큰 눈에 비쳐진 내 단정한 모습을 봤을 때 나는 이미 그녀의 주인이 될 것을 사명으로 느꼈다.

그녀를 번쩍 들어 올리며 내가 믿음직스러운 주인임을 과시했을 때 색 바랜 파란 치마를 입고 있던 시골 아낙은 3천 원이라고 했다. 언제나 쩨쩨하지 않은 내가 천 원권 석 장을 뽑아들자 시골 아낙은 내 귀에다 젖 뗀 지 1주일이나 됐다면서 식성은 걱정할 게 없다고 속삭였다.

동생은 얌전했다. 남매들과 작별인사를 할 시간도 주지 않은 나를 원망하지도 않았고 읍에서 돌아오는 버스가 심하게 덜컹거려도 불만을 표하지 않았다. 나는 보따리 속에서 밖으로 나오려고 꿈틀대는 동생의 부드러운 손을 조몰락거리며 작명을 시작했다. 오랜 숙고 끝에 진珍이란 이름을 결정지었다.

진이를 안고 마을로 돌아오자 사람들이 신기하다는 눈으로 쳐다본 건 동생이 아니라 오히려 나였다. 내 헌신적인 봉양이 시작된 건 그날부터였다. 아낙의 말과는 달리 진이는 생선뼈다귀는 고사하고 밥풀 하나 입에 대지 않았다. 부득이 나는 먼 길을 걸어 우유를 사와야 했다. 동네 사람들은 진이가 아사할 것을 예견했으나 그녀는 그들의 추측을 뒤엎은 채 토실토실하게 살을 찌워나갔다. 차츰 털에 윤기가 돌고 다리에 살이 불어나는 것을 느낄 때마다 나의 기쁨은 더해갔다.

우리는 다정했었다. 낮에는 펴놓은 담요 위에서 같이 뒹굴고 밤이면 내 겨드랑이 새에서 잠이 들었다. 진이는 대단한 잠꾸러기였다. 하루에도 몇 번씩 오수를 즐기고도 밤이면 나와 같이 잠자리에 들어 해가 중천에 솟을 때까지 마냥 내 팔을 베고 있었다.

그리고 욕심꾸러기였다. 우유를 떼고 고기를 즐기면서부터 그 왕성한 식욕은 날로 늘어갔다. 나는 언제나 밥상에서 생선 대가리에 살을 많이 붙여 저에게 넘겨주는데 진이는 언제나 그것들을 돌아앉은 채 조금의 사양도 없이 씹어 삼키고는 금세 빨간 혀를 날름거리는 것이었다. 그러나 진이는 영특하고 또한 다감했다. 내가 외출에서 돌아오며 일부러 방문 앞에 서서 "진아~" 하고 부르면 어느새 내 고운 음성을 알아듣고 "야옹~" 하며 급히 뛰어나와 가슴까지 뛰어 올라왔다. 나도 반갑고 기특하여 꼭 껴안고 등을 쓰다듬어 주면 '고르륵 고르륵' 하는 소리를 내며 눈을 살며시 감는 것이 아닌가.

내가 늦게까지 책상에 버티고 앉아 독서라도 할라치면 잠자리 눈치를 보던 진이는 펴놓은 책 위에까지 올라와 자는 척 능청을 떨었고, 내가 몇 번이나 책상 밑으로 밀어내면 그때는 어깨를 타고 올라와서 볼에 키스를 퍼부으며 아양을 떨다가, 그래도 내가 독서에만 열중하면 방해공작과 애교전술이 주효하지 못했음을 자인하고 동정을 사기 위해 어깨 위에서 꾸벅꾸벅 졸기까지 하는 것이었다. 진이는 쥐를 보면 황급히 도망치는 겁쟁이지만 방 안의 파리는 제법 틈틈이 잡아먹는 익축益畜임에 틀림없었다.

진이는 나에게만 사랑을 받는 것이 아니었다. 특히 산동네 꼬마들에겐 절대적인 인기였다. 그러나 한편 부담이 없는 것도 아니었다. 카르멘처럼 정열적인 진이의 흙발에 의해 이불은 쉬 더러워지고 좁은 방구석에 안치해 놓은 모래통에선 콤콤한 냄새가 언제나 배어나고 있었다. 주인집 내외분껜 그 좋은 마음씨 덕분에 싫은 소리를 좀처럼 듣지 않았지만 언젠가 조기 한 마리를 허락도 없이 해치웠을 때는 "이노무 새끼, 밟아 죽일까 보다" 하며 흥분을 참지 못했었다. 나는 하는 수 없이 주인집 아저씨가 보는 앞에서 진이의 밤톨처럼 예쁜 주둥이를 서너 차례 쥐어박아야 했고, 이어 버릇을 단단히 고쳐놓겠다는 태도로 진이를 움켜쥐고 내 방으로 피신시켰다.

산으로 들어온 지 계절이 두 번 바뀌고 앞 냇가에 두껍게 얼음이 얼어 동네 꼬마들이 썰매를 손질할 즈음에 나는 귀향을 생각하고 있었다. 보고 싶었던 책도 제법 읽었고 작품도 몇 편 써 놓았다. 그리고 나의 행방을 궁금히 여길 친지들에게 돌아가겠다는 약속도 해야 했다.

그런데 진이가 문제였다. 눈치 없는 진이도 문제지만, 안방에는 얼씬도 못하게 하는 주인집 아저씨가 마음에 걸렸다. 가벼운 행장을 챙겨놓고 며칠 동안 고민에 싸여 있는데 뜻밖에도 진이를 사겠다는 사람이 나타났다. 처음에는 망설였으나 진이의 새 주인이 될 할머니가 어린 손자와 둘이서 사는 외로운 노인임을 알고는 결국 그쪽으로 진이를 넘겨주었다.

나는 진이를 판 돈으로 부산 자갈치에서 친구들과 소주와 곰장어를 즐길 수는 있었으나 며칠 후 다시 산으로 돌아왔을 때, 그때부터 느낀 공허감은 처음 입산 때보다 더욱 심해졌다. 방문을 열 때마다 나를 반기는 진이의 음성이 들려오는 듯했고, 뒷간을 갈 때도 깡충거리며 뒤따라오던 진이의 귀여운 모습이 눈에 선했다.

며칠 후 진이가 시집간—이렇게 자위하고 싶다—울타리가 높은 집을 알아냈고, 그 후 몇 번이나 근처까지 갔었다. 하지만 지금 만나본들 무얼 하나 하는 생각에 그냥 지나치고는 했었다.

얼마 후 멀리 거제도에 직장을 가지게 되어 나는 짐을 꾸렸다. 그리고 하산 전날 진이가 있는 그 집을 찾아갔다. 열 살 정도 되어 보이는 사내놈이 방문을 빼꼼히 열었다.

"아! 나비요?"

어느새 진이는 개명까지 하고 말았다. 질투 비슷한 감정까지 느끼고 있는데,

"나비는 팔았어요. 쥐도 못 잡는 고양일 누가 키워요?"

녀석은 아무렇지도 않게 말해 버렸다.

나는 결국 진이를 보지 못한 채 산을 내려왔다. 그러나 첫사랑의 여학생은 얼굴마저도 희미한데 진이의 모습은 날이 갈수록 선명해지고 있다. 그것은 고아가 되어 세상에 대한 상실감

을 안고 산으로 들어간 나에게, 살아가는 생명의 힘찬 모습을 처음이자 가장 인상 깊게 보여준 장본인이기 때문이다. 지금 진이는 어느 집 창고에서 졸고 있을까.

— 1981년 봄

21세기 빈처

"나, 아무래도 쌍까풀 수술해야겠어."

외출에서 돌아온 아내는 방안에 들어서자마자 눈가를 밀어 올려 짓무른 자국을 보여준다. 눈 가장이 주름 밑으로 눈물에 지워진 마스카라 얼룩이 보인다. 살색이 살짝 붉은색이다.

"얼만데?"

"눈물이 고여서 자꾸 닦아내야 되고, 그러자니 살이 짓물러 아파."

나는 시선을 TV 화면으로 돌렸다. 마침 극중의 여주인공은 남자를 애절히 쳐다보고 있다. 가지런한 눈썹 아래로 동그란 눈이 별개의 생명체인 양 반짝거린다. 갸름한 얼굴이 다려놓은 듯 팽팽하다. 얼굴에서 빛이 난다.

"그래서 얼만데?"

"백오십만 원…."

여주인공뿐 아니라 남자 주인공도 밤톨을 깎아놓은 듯 반질

반질하다. 하얀 얼굴에 검댕이 눈썹에 야무진 입매… 만화 속 그림 같다.

"한다고 효과가 있을까?"

"쌍까풀 수술할 때, 눈끝을 살짝 잡아 올린다네. 그러면 괜찮대."

나는 시선을 아내의 얼굴로 돌렸다. 아내는 다가앉아 눈가를 밀어 올려 짓무른 자국을 다시 보여준다.

"오른쪽만 그러네. 왼쪽은 멀쩡하구먼."

"그렇다고 쌍까풀을 한쪽만 할 순 없잖아."

베란다 창문을 넘어온 저녁 햇살이 아내의 얼굴에 그림자를 지운다. 아내는 눈까풀만 처진 게 아니다. 어느새 볼살도 늘어지고 귓가에 기미자국도 보인다. 마누라가 예뻐 보이기 시작하면 치매 초기증상이라는데, 아직 치매는 아닌 모양이다. 나는 다시 시선을 TV로 돌린다.

"'신체발부 수지부모'라! 함부로 몸에 칼을 대면 안 된다고 했어. 참을 만하면 참아야지."

여주인공은 일어나 방문을 탁, 닫으며 화면에서 사라졌다.

5년 전 가을이었다. 며칠째 아내의 얼굴이 어두워 보였다. 내가 사업실패로 경황이 없을 때인지라 내심 '아내도 힘들어하는구나' 짐작하며 그냥 무심한 척 지나쳤다. 아내의 얼굴에 낀 그림자의 사연을 알게 된 것은 한참 후였다. 가깝게 지내는 친구 부인들끼리 어울려 중국 장가계로 여행을 가는데 아내만 홀로 빠진 것이었다. 연말에 중국을 다녀온 부인들이 모인 자리에서 우연히 나온—물론 악의는 아니었겠지만—즐거운 여행담에 끼이지 못하는 아내의 모습을 보며 나까지 참담한 기분이 들었다.

고등학교 때 제주도 수학여행이 떠올랐다. 70년대 중반의 암울과 가난 속에서도, 난생처음 떠나는 멀고 낯선 곳에 대한 동경과 일탈의 기대감으로 인해 교실은 일주일 전부터 떠들썩하였다. 모두가 들떠있는 그런 분위기 속에서도 내가 억지로 차분할 수 있었던 것은, 여행비를 내지 못해 제주도를 포기한 학생이 나 말고도 한 명이 더 있다는 안도감 때문이었다. 하지만 출발일이 다가올수록 슬픔과 원망으로 어깨가 쪼그라드는 건 어쩔 수가 없었다. 게다가 여행을 못 가는 학생들은 매일 학교에 나와 자습을 하라는 지시에 분통을 깡술로 삭혔던 기억도 났다.

나는 아내에게 약속을 했다. 사업에 대한 미련을 접어버리고 작지만 안정적인 월급쟁이로 돌아갈 것과 내년에 둘이서 손잡고 중국여행을 떠날 것을…. 그리고 그 약속은 지켰다.

돌이켜 보면 아내 앞에서 큰소리만 쳤지, 늘 몇 걸음 뒤떨어진 인생이었다. 남들은 신혼여행을 해외로 간다는데 나는 신부를 옆 동네 여관으로 모셨다. 셋방살이를 면치 못한 신세로 친구들 집들이잔치에 하이타이나 들려 보내고, 동료들이 소나타를 뽐낼 때쯤엔 그저 프라이드가 최상이었다. 요즘에 와서도 친구들은 주말 골프모임에 부부동반을 한다는데 우리 부부는 직장 탓으로 천 리에 동서로 떨어져 있어 주말부부도 감지덕지하다.

그래도 나는 아직 큰소리를 치고 있다. 서가에는 반천半千권의 책이 쌓여 있고, 그 위에 '시궁이후공詩窮而後工'이라 딱, 붙여놓았다. '시는 궁한 후에야 이루어진다'는 뜻으로 생활이 곤궁해야 좋은 시를 쓸 수 있다는 말이다. 흡사 좋은 시를 얻기 위해 일부러 곤궁을 자초하고 있다는 인상을 주지 않는가? 또 하나의 큰소리는 내가 주위의 친구들보다 무엇이든 뒤떨어지기만 하니, 아마도 갱년기장애나 발기부전도 남보다 늦게 올 것이라는 자신감이다.

아내는 어느새 부엌에 가 있다. 쌀을 이는 소리가 시끄러운 것을 보니 삐친 모양이다. 그래도 남편 밥은 제때 해먹일 모양이다. 아내는 늘 저렇다. 현진건의 소설 「빈처」에 나오는 어진 아내의 모습이다. 어쩌면 아내는 지금 남편으로부터 "나도 어서 명품 가방 하나쯤 사주게 되었으면 좋으련만" 하는 위로를 받고 싶을지도 모른다. 그러나 나는 「운수 좋은 날」에 나오는 인력거꾼을 닮았다. 설렁탕 국물을 먹고파 하는 아내를 면박

하고, 운수 좋게 돈이 생기면 술부터 찾는 그런 남편이다.

나는 엉거주춤 부엌으로 들어갔다. 아내 옆에서 괜히 냉장고 문을 한번 열었다 닫는다. 물 한 잔을 따라 반쯤 마시고 아내에게 권한다.

"이야기 하나 해줄게. 들어볼 터? 내가 어릴 때 우리 마을에 외지에서 들어온 이북 말씨를 쓰는 늙은 부부가 있었는데 둘 사이가 좋지 않았나 봐. 늘 티격태격 다툼이 그치질 않았어. 주변과도 거의 담을 쌓고 살았지. 그런데 어느 새벽에 할멈의 고함소리가 몇 차례 크게 들린 후로 영감이 커다란 마스크를 쓰고 다니는 거야. 사람들은 뭘까? 하고 수군거렸지. 그런데 우연히 병원에서 영감이 치료받는 걸 하필이면 남 말하길 좋아하는 뺑덕어멈이 본 거야. 금세 소문이 났지. 영감의 코와 입이 작살났더라고, 아마도 누워 자는 걸 할멈이 몽둥이로 팬 것 같다고, 코와 입을 수십 바늘 기워놨더라고…. 물 안 마셔? 그럼 나도 이야기 안 한다. …보름쯤 지났을까? 미국에 산다는 딸네 부부가 찾아왔어. 그리고 아주 거창하게 동네잔치를 했어. 왜 그랬을까…. 마저 다 마셔야지. 옳지! …사연은 이래. 새벽에 뒷간을 다녀온 영감이 어지럽다며 비틀대더니 픽, 하고 쓰러졌다네. 할멈이 놀라서 달려가니 벌써 의식을 잃고 몸이 뻣뻣해지더래. 할멈은 놀라서 어찌할 바를 몰랐겠지. 순간 생각이 나더래. 인중 급소를 찌르면 죽은 사람도 일어난다는 얘기가.

그래서 인중을 쳐다보니 거기만 살아서 씰룩거리더래. 할멈에겐 바늘을 찾을 여유도 없었겠지. 그냥 영감 위에 엎드려 이빨로 막 물어뜯은 거야. 근데 인중이 코와 입술 사이다 보니 주위가 다 뜯긴 거지."

아내가 피식 웃는다. 나는 기다렸다는 듯 아내의 어깨에 턱을 올려놓는다.

"나도 꽉, 물어줄 거지? 코도 바로 세워줘야 돼."

아내는 입술을 삐쭉하며 어깨를 털어 내 턱을 밀어낸다.

"내 코 약속하고, 먼저 쌍꺼풀 혀."

아내의 손에 하얀 쌀이 한 움큼 잡혀 있다.

— 2011년 9월 18일

노무현, 조광조

노무현 전 대통령의 영결식이 어제 있었다. 생전에 그의 정치노선이나 통치방식을 이해하지 못하였거나, 때로 싫어했던 나로서도 어제는 숙연한 마음으로 영결식을 시청하였다. 며칠 전에는 울산시청에 분향을 다녀오기도 하였다.

영결식장인 경복궁 안뜰에는 애도를 가장한 위선과 애도의 표정 뒤에 정치적 이득을 숨긴 모리배들이 득시글하나, 적어도 광화문 밖은 그러지 않았을 것이라고 믿고 싶다.

우리나라의 국가적인 희비의 정도는 서울시청 앞과 세종로를 가득 메운 인파의 수가 대변해준다. 나는 세계를 놀라게 한 이런 거대한 자발적 모임을 몇 번 기억한다. 1987년 군사정권으로부터 '직선제 개헌'의 항복을 받기 위해 모였었고, 2002년 월드컵을 응원하기 위해 모였었고, 작년에 미국산 쇠고기 수입을 반대하기 위해 촛불로 모였었다. 그러나 어제 2009년 5월 29일의 모임은 노 전 대통령의 영결식만으로 모이지는 않았다고 생각된다. 여기에는 현 정부에 항의하는 뜻도 다분히 있었을 것이다. 물론 노 전 대통령의 죽음을 애도하는 큰 뜻이 우선이겠으나, 그들의 눈물 뒤에 숨겨진 분노를 어찌 보지 않았다 하겠는가.

나는 어제부터 오늘까지 책 한 권을 읽었다. 『주초위왕走肖爲王』이다. 중종에게 도학정치를 경연하며 급진적인 개혁을 앞세우다 훈구세력의 음모에 죽은 조광조의 일대기였다.

조광조는 짧은 관직생활 4년에 대사헌(종2품)까지 오른 풍운아였고, 개혁을 주창하여 많은 성과를 일구어낸 혁명아였다. 중종의 폐비 신씨의 복위를 주장하였고, 현량과를 주청하여 젊은 신진사류를 발굴하였다. 왕실의 거센 반대를 무릅쓰고 소격서를 혁파하였다. 연산군을 몰아낸 중종반정의 정국공신들을 상소하여 76명의 훈작을 삭탈하기도 하였다.

조는 또한 외골수였다. 정6품의 말직 사간이 되자마자 대사헌, 대사간을 탄핵하여 명성을 얻었다. 젊은 유생을 등에 업고 수시로 상소와 권당을 유도하여 나라를 힘들게 하였다. 자기의 이상과 맞지 않으면 탄핵하기를 멈추지 않았고 나이 많은 대신에게도 예를 갖추지 않았다. 본의는 아니라 하더라도 젊은 신진과 원로 간의 갈등을 조장하였고, 언로를 자유롭게 해야 한다며 임금과의 면대를 독점하려 하였다. 조정은 조광조와 반 조광조로 파당이 일어났다. 결국에는 조광조를 절대 신임하던 중종마저도 개혁피로에 분별력이 마비되어 조광조의 진실을 의심하기에 이른다.

책을 덮고, 나는 조광조의 성품과 인생이 노 전 대통령과 닮은꼴이라는 생각이 더욱 들었다. 그러나 조광조의 서른여덟 짧은 삶도 치열했지만, 노 전 대통령의 삶이 더 질곡이 많았다는 느낌을 떨쳐버릴 수가 없었다. 조광조는 그가 해치운 개혁만큼이나 파격적인 승진을 거듭하여 당대에 영광을 누렸지만, 노무현은 고향 땅에서 네 번이나 버림을 받으며 정치인생 내내 비주류로 고군분투해야 했다. 노는 비록 청와대에 입성했어도 결코 편안한 대통령이 아니었다. 그는 언제나 킬리만자로의 외로운 표범이었다. 위로 조금만 덜 올라가면 편할 터인데 그는 참지를 못하였다.

노 전 대통령은 나보다 겨우 열 살이 많을 뿐인데 안타깝게도 세상을 버리셨다. 생각해보면 오래 사는 것이 짧은 삶보다도 명예롭지 못한 경우가 허다한데, 비록 그는 적은 수의 인생을 살았지만 홍수처럼 많은 눈물로 영결을 하였으니 헛된 죽음은 아닐 것이다. 그가 추구한 이상적 대한민국은 그냥 이상으로만 머무를 수도 있겠지만, 그가 보여준 정의와 진실은 두고두고 후대의 위정자들에게 외면할 수 없는 목줄로 물려질 것이다.

우리가 애석해할 것은, 생전에 좀 더 가까이 노의 진실에 접근해보려는 성의가 절대 부족했다는 점이다. 아마도 세종로를 적신 눈물 홍수 속에는 이런 자괴심이 대부분일 것이다.

우리가 애통해할 것은, 노의 죽음의 원인이다. 조광조의 조선보다 더 나은 대한민국을 위해 평생을 바친 그분의 노고를 훼손한 측근들의 부정이 그것이다. 인간 노무현은 훼손된 명예와 측근에 대한 의리 사이에서 무척 고뇌하였을 것이다. 정직과 청렴을 자부했던 그는 '노무현의 사람'이라는 이유로 사정과 구속대상이 된, 그리하여 부정이 드러난 평생동지들에 대한 면죄를 위하여 한 몸을 던진 것은 아닐는지….

노 전 대통령에게 "지켜주지 못해 미안하다"는 절규는 노를 배신한 측근들의 입에서 나와서는 아니 된다. 노를 죽음으로 내몬 진원은 배신이었다. 배신자의 입에서 '정치보복' 운운은 어불성설이다. 노의 상처를 물고 흔든 현 정권도 비난을 받아 마땅하지만, 왜 잘 묻어놓은 쓰레기를 뒤졌느냐고, 그 때문에 노가 죽지 않았냐고, 쓰레기 뒤진 자를 처벌해야 한다고 떠든다면 그야말로 후안무치厚顏無恥다.

하고 싶은 많은 말을 이만 줄이며, 7년 전 노무현 대통령 당선소식에 필을 들었던 글의 일부를 인용해 우려했던 작금의 사태를 돌아보며, 앞으로 이런 비극으로 인해 세종로에 백성들이 다시 모이는 일이 없기를 빌어본다.

삼가 고故 전 노무현 대통령님의 명복을 빈다.

<노 통에게 바람>

국민통합·경제안정·남북통일의 얘기는 전문가의 몫으로 넘기기로 하고,

첫째, 전직 대통령들이 조져놓은 나라를 정화하기 위한 개혁의 당위를 내세워—새로움에 갈증난 젊은이를 앞세운 홍위병 난동처럼—자발적인 (혹은 비자발적인) 대중정치의 유혹에 빠지지 않기를 바란다.

둘째, 조선 7대 왕 세조의 집권 후 공신들의 전횡을 기억하기 바란다. 대통령이 되기까지 고생을 같이한 측근들이 머지않아 '똑같은 그놈들'로 변질되어 보수반동의 빌미를 제공하고, 이로 인해 죽었던 과거가 고개를 들어 탈 개혁의 억지 「조의제문」을 쓰게 되는 일이 없기를 기대한다.

셋째, 진시황처럼 악명을 떨치더라도 '큰일'만을(천하통일 · 아방궁 · 만리장성) 하고 싶다면 대역사를 일으켜 수도를 빨리 이전하고, 미군철수를 서두르고, DMZ에 고속도로를 파시라. 허나 존경받는 대통령으로 길이 남고 싶다면 숙고 재고하여 작은 일로써 큰일을 도모하길 바란다.

—『고운님 여의옵고』에서

– 2009년 5월 30일
노무현 서거 1주일, 영결식 다음 날

죽음을 함부로 말하지 마라

지금은 고래잡이가 금지되었지만 20여 년 전만 해도 울산 장생포항에는 포획한 고래를 옆구리에 붙이고 기고만장한 기적을 울리며 입항하는 포경선을 자주 볼 수 있었다. 스무 살 그 때, 내 직장은 장생포에 있었고 덕분에 고래고기 맛을 접할 기회가 자주 있었다. 어느 날 우연히 동석을 하게 된 고래잡이 포수로부터 들은 인상적인 이야기 하나가 있다.

먼바다에서 (귀신)고래 떼를 만나 무리 중에서 새끼를 쏘아 맞히면, 어미 아비는 도망가지 않고 새끼 근처를 맴돌다가 작살을 맞는다 하였다. 또한 암놈이 작살을 맞게 되면 수놈은 암놈 곁을 떠나지 못하고 주위에 머물다가 작살을 또 맞는다는 것이다. 그런데 수놈이 제일 먼저 작살을 맞으면 어떻게 될까?

얼마 전에 인천에서, 삶이 고단한 어느 아짐이 14층 아파트에서 아이 셋을 밖으로 내던지고 자신도 뛰어내린 끔찍한 사건이 있었다. 나는 기사를 접하고 하루 종일 '인생이 곧 고해'라는 말의 의미를 되씹어 보았다.

이 사건을 두고 며칠 동안 신문에는 소위 사회지도층이라는 인사들의 글이 실렸다. 죽을 용기를 가지고 살아야만 한다. 애들은 부모의 소유가 아니다…. 어떤 교수는 졸지에 처자를 모두 잃은 불쌍한 가장을 식구를 방기한 죄인으로 몰아갔다.

죽을 용기를 가지고 살아야만 한다?

옳은 말씀이다. 그러나 죽음과 용기를 하나로 묶어 쉽게 얘기하는 그들이 과연 그 아짐의 소진된 '살 용기'를 조금이라도 이해는 하고 말하였을까. 죽을 용기를 가지고 에베레스트를 오르는 엄홍길은 '명예'라는 희망이 있고, 기네스북의 '숨 안 쉬기' 기록에 도전하는 호사가는 생명을 담보하는 '스릴'이라도 있겠지만, 그런 호사로운 '죽음연습'은 아짐에게 있어서 모욕이나 다름없었을 것이다. 명예와 재미를 위해 생명을 담보하고 죽음을 연습한다니! 죽기 직전까지도 아짐에게 있어서 삶은 곧 지옥이고, 죽음은 해방이란 생각뿐이었을 것이다. 죽음은 용기의 문제가 아니라 마지막 남은 선택이라고 이해를 해줘야만 한다. 아짐은 인간의 구제가 끝난 시간, 메시야가 강림한다 하더라도 아무런 구제도 할 수 없는 시간, 절망과 폐허의 시간, 25시에서 뛰어내린 것이다.

애들은 부모의 소유가 아니다?

옳은 말씀이다. 그러나 아짐은 살 용기가 죽게 된 만큼—죽을 마음이 살아난 만큼—아이들에게도 생사를 결정짓는 어떤 일을 해주고 싶었을 것이다. 아짐은 죽기 얼마 전부터 아픈 아이의 약값을 위해 이웃에 1, 2만 원씩을 빌리러 다녔다고 한다. 땅에 떨어진 인간의 자존심은 논외로 하자. 세 아이를 쓸어안고 생계와 병마에 허덕이는 것도 생지옥인데, 교육의 기회와 면천免賤의 희망은 보이지 않고, 극빈한 하급인생의 대물림은 불을 보듯 환하게 되었는데…. 그래서 아짐은 아이들의 지나온 짧은 생과 남아있는 긴 생을 저울질하였을 것이다. 어느 쪽이 삶의 가치가 더 가벼운지를, 혹은 무거운지를.

비록 저울질이 잘못되었더라도 이 세상에서 떨어져나간 그 아이들을 가장 사랑한 이는, 아이들의 어머니 된 그 아짐이었을 것이다. 아짐이 취한 사랑의 방법이 비록 세상의 상식으로는 불가해한 엽기라고 할지라도, 그때 아짐으로서는 최선의 방법이었다고 이해를 해주자. 그래야만 된다.

졸지에 처자를 모두 잃은 가장은 식구를 방기한 죄인인가?

나는 건설현장을 떠도는 일용직 노무자의 곤고한 삶을 잘 알고 있다. 열악한 작업환경과 불안한 고용조건, 며칠 치의 일거리를 찾아 전국의 건설현장을 떠돌아다녀야만 한다. 이 세상에 누가 황야의 이리가 되어 외로이 추운 들판을 헤매며 먹이 사냥을 하고 싶겠는가. 그 가장인 남편이 아내가 차려주는 따뜻한 밥 한 그릇을 먹을 수 있는 기회는 알량한 일거리마저 떨어져 집으로 돌아올 수밖에 없을 때뿐이었을 것이다.

객지에서 찬밥을 먹으며 일당벌이에 땀 흘리다가 졸지에 참혹한 소식을 접한 가장의 놀란 눈을 상상해보라. 아내와 세 명이나 되는 자식의 장례를 치르러 가는 가장의 후들거리는 다리를 상상해보라. 자신을 향해 날아오는 경멸의 눈길과 손가락질을 감내해야 할 가장의 무너진 어깨를 상상해보라. 돋보기와 메스를 들이대는 사회학자들에게 무방비로 뜯겨나가는 구멍 난 가슴을 상상해보라.

함부로 말해선 안 된다. 식구를 방기한 죄인이라니! 시원한 에어컨 앞에 앉아 요즘 주식이 떨어졌다고, 내기골프에서 돈을 좀 잃었다고, 어젯밤 술집 도우미가 서비스가 별로라고, 기분에 휩쓸려 함부로 필을 놀려서는 안 된다는 것이다.

아짐을 죽음으로 내몬 사회의 숨은 원인은 무엇인가?

분배의 형평을 싫어하는 자본가들은 말한다. 우리나라가 공산주의가 아니라면 어차피 경쟁의 우열에서 발생하는 소득의 격차는 있을 수밖에 없다고.

정말 그러한가. 과연 우리 사회는 경쟁이 공정한 사회인가. 3천억이란 돈을 1년 만에 해먹은 굿바이시티는 과연 그 돈을 공정하게 취득하였나. 그 돈을 받아 룸살롱에서 양주를 빨던 정치꾼들은 별로 빤 게 없다고 억울해한다는데, 그럼 별로인 그 돈은 공정한 대가인가. 과연 고구마 뿌리같이 줄줄이 숨어 있는 돈의 행방은 공정하게 밝혀질 수 있을 것인가.

그런 자본가(진정한 의미의 사기꾼들)와 소위 사회지도층이라는 인사들의 논리대로 열심히 산다는 것은 굿바이시티 같은 사기를 치든지, 막가파 같은 강도짓을 하든지, 술집에서 몸을 팔든지 해서라도 어떻든 살아가라는 것인데…. 그 아짐이 죽기 두어 달 전부터 이웃에 아이들 약값을 비루하게 1, 2만 원씩 빌리려 다녔다는 얘기는 무얼 말하는가? 사기를 칠 수 있는 뻔뻔함이 없고, 막가파 범행을 할 수 있는 악마성이 없고, 몸을 팔지 못하는 자존심이 살아있다는 것인데, 이런 패륜적 행위를 거부한 죽음이 삶보다도 과연 못한 것인가? 뭘 어떻게 열심히 살라는 것인가?

그 아짐은 생명을 스스로 버림으로써 인간으로의 바로 서기를 시위한 것이다. 그런데 조금 배웠고—뭘 배웠는지는 잘 모르지만—잘산다고 으스대는 놈들이 죽음의 과정은 살피지 않고 결과를 비난만 하고 있다.

조금 더 아짐을 변명하고 싶다. 소위 사회지도층 인사라는 자들의 말마따나, 애들의 생명은 소중하며 부모의 소유가 아니다. 하지만 어미의 눈에는 인간으로서 최소한의 존엄조차도 갖추지 못한 채 인생을 살아가는 아이들이 불쌍했을 것이다. 나는 이해가 간다. 열악한 환경에 자라 자괴심만 커가고, 공부할 여건이 안 되어 뒷거리를 헤매게 되고, 양지 없는 사회에 분

노가 가득하고, 돈에는 포부가 지고 사회의 천대 속에 악만 남아, 입만 열면 욕설이고 눈만 뜨면 막가파 범행이니, 그런 잠재적 범죄인을 만들어 부모가 해준 게 없어서 그렇다는 자식들의 원망과 가정교육이 잘못되어 그렇다는 소위 사회지도층 인사라는 자들의 같잖은 지탄을 계속 들어야만 하겠는가?

불교에서 해탈을 하면 그다음은 무엇인가? 궁극은? 깨달음의 끝은? 두 번 다시 태어나지 않는 것이다. 윤회에서 벗어나는 것이다. 아짐은 깨달은 자다. 득도를 하신 거다. 죽음 앞에서 예수처럼 하늘을 원망하지도 않았고, 공자 맹자처럼 말만 앞세우지도 않았고, 소크라테스처럼 닭 한 마리 정도의 부채도 없었다. 아이까지 거두어 처음으로 깨끗이 돌아간 것이다. 그 아짐은 짤막한 유서에서 '아이들에게 미안하다. 살기 싫다. 안면도에 묻어 달라'고 썼단다. 지금 그 아짐은 안면도에서 안면安眠을 취하고 계실까?

처음 얘기를 다시 하면, 수놈 고래가 작살을 맞으면 암놈은 뒤도 안 돌아보고 도망간단다. 암놈의 걱정은 오로지 새끼뿐이다. 홀로 희생은 수놈의 몫이다. 수놈은 함부로 식구를 방기하지 않는다. 난 아짐과 아이들의 참변을 겪은 아버지의 뒷이야기가 더 궁금하다. 그분은 지금 어디서 무슨 정신으로 살고 있을까? TV에 나와 같잖게 떠드는 어떤 교수보다도 사실은 그분과 술을 마셔야 인생을 제대로 한 수 배울 수 있을 터인데….

아짐과 아이들의 명복을 빈다. 두 번 다시 X 같은 세상에 태어나지 않으시기를 간절히 빈다.

— 2003년 더(러)운 여름날에

말코와 짱구

1974년, 그때 고등학교 3학년, 화창한 봄날이었다.

아침 일찍 등교를 하니 먼저 온 10여 명의 급우들은 교실 창가에 늘어서서 묘한 미소를 입가에 물고 나를 주시하기 시작했다. 나는 조금 당혹스러웠지만 별다른 이상을 발견하지 못하고 녀석들에게 등을 돌린 채 교복을 벗고 1교시 수업준비를 위해 교련복으로—유신시절에 우리는 얼룩무늬 교련복을 입고 수업을 받았다—갈아입기 시작했다.

바지를 먼저 갈아입고 상의를 걸치며 뒤를 돌아보니 녀석들은 호기심에 눈을 반짝이며 슬금슬금 나에게 다가오고 있었다. 특히 '말코'란 별명의 순길이는 고개를 길게 빼며 큰 코를 벌름거리기까지 했다.

'이놈들이 무슨 흉계를 꾸미는 거지?'

나는 불안해졌다. 다시 한 번 주위를 살피는데 바싹 내 앞으로 다가온 말코는 혀까지 날름거리며 콧구멍을 한껏 키우는 것이었다. 나는 경계의 눈빛으로 주위 녀석들을 둘러보다 문득 왼쪽 가슴께가 묵직하다는 기분을 느꼈다. 손으로 더듬어보니 교련복 주머니 속에 둥근 빵 같은 게 만져졌다. 나는 경계를 풀지 않은 채 조심스레 상의 주머니의 단추를 끌러 궁금한 손가락을 밀어 넣었다.

순간, 엄지와 검지 사이에 잡히는 물컹하고 서늘한 감촉! 내 눈은 서둘러 확인의 화살을 꽂았고, 작은 주머니 속에 동그랗게 돌돌 말린 뱀의 대가리가 보이는 것도 잠시, 나는 혼비백산하여 비명을 지르며 상의를 벗어던졌다. 겨우 참고 있던 봇물이 한 방에 터진 듯 요란한 녀석들의 환호와 아우성 속에 말코는 너무 좋아 눈물까지 내비치며 손뼉을 쳐댔다.

나쁜 놈들…. 나는 털썩 주저앉고 말았다. 어제 오후 실습시간에 뒷산에서 잡았다며 자랑스레 흔들어보이던 뱀이 생각났다. 녀석들의 조롱과 말 같잖은 위로 속에서 놀란 가슴을 진정하고 있는데,

“짱구 온다. 짱구!”

창가에서 망을 보던 한 녀석이 소리쳤고, 말코는 재빨리 내 옷에서 뱀을 꺼내 짱구의 옷장으로 달려갔다. 뱀을 짱구의 바지 주머니 속에 돌돌 말아 넣은 말코는 입술에 손가락을 세우며 급우들에게 주의를 주었고, 모두는 시치미를 딱 떼고 서둘러 창가에 늘어섰다. 나는 놀란 가슴을 진정시킬 시간도 갖지

못한 채 악동들의 놀이에 합류해 버렸다.

불쌍한 짱구는 교실로 들어서는 순간, 이상한 낌새를 느꼈지만 결국은 나처럼 주위만 살피다가 교련복으로 갈아입기 시작하였다. 아이들의 폭발 직전의 흥분 속에서 말코의 코가 최대로 팽창하였을 때, 짱구의 비명이 교실의 긴장을 찢어놓았고 잇따라 터져 나온 아이들의 환호가 교실을 뒤흔들었다. 너무 좋아 숨이 넘어가는 말코 옆에는 낄낄거리며 손뼉을 쳐대는 내 모습도 같이 있었다. 하여튼 이날 수업 전까지 비명과 환호는 몇 번 더 터져 나왔고, 그 속에서 제일 좋아하며 길길이 뛰는 녀석은 말코와 짱구였다.

말코와 짱구는 둘도 없는 단짝이지만 장난의 정도는 말코가 단연 상수였다. 재수 없게 잡힌 그 뱀은 이날도 수업 중에는 말코의 책가방 속에서 간신히 휴식을 취하다가도 수업종료 벨이 울리기만 하면 사정없이 말코의 손에 잡혀, 선생님의 퇴실과 함께 짱구의 목덜미로 날아갔다. 짱구는 "그만 해!" 비명을 지르며 도망을 가고, 그 뒤를 쫓아가는 말코의 손에 들린 뱀은 온 학교를 몇 바퀴씩 돌아다녀야 했다.

지금도 기억하건대, 수업이 시작되고 한참이 지난 뒤에 복도를 쿵쾅거리며 교실로 뛰어 들어오던 쫓기는 자와 쫓는 자의 웃음소리와 선생님 앞에서 표정을 정리하고 시치미를 떼던 땀밴 얼굴과 모자 아래로 채 숨기지 못한 늘어진 뱀 꼬리가 미소를 떠올리게 한다.

고등학교 졸업 후 24년, 말코 원순길이는 며칠 전에도 만나 소주 몇 병을 나누었지만, 짱구 조한호는 몇 년 전 사고로 세상을 떠나버렸다. 고등학교 친구들로서는 제일 먼저 고인이 된 것이다. 재미있는 친구였는데….

참, 잊을 뻔, 그 뱀이 어떻게 되었는지를 말해야겠다. 이틀을 말코의 손에서 주물리던 빈사 상태의 뱀은 숨이 끊어지기 직전에 노릿노릿하게 구워져 말코의 보약으로 짧은 생을 마감하였다.

– 2000년 봄

우리들의 70년대

❥ 유신의 얼룩

1973년 2월 28일 수요일

어제는 (국회의원) 투표를 했는데 그야말로 엉망이다. 이건 진짜로 나라 정세가 한심하기 짝이 없다. 국회의원이 뭔데 공화당은 온갖 비겁한 짓을 다 한다 말인가. 가만 보니 선거는 개판이다. 말이 유신이요, 공명선거요 하고 있지만 내용은 더럽기 짝이 없다.

한 사람이 투표권을 몇 개씩 가지고 들어간다. 아버지에게도 청자 한 갑을 사주며 '박찬종'을 찍으라고 한다. 뿐만 아니라 투표권을 한 장 더 주지 않는가. 아버지께서는 2장의 투표권을 들고 (기표소에) 들어가서는 찍으라는 박찬종은 안 찍고 '김영삼'을 찍었단다. 실로 아버지를 존경할 때가 왔다….

고2 때의 일기다. 1972년 10월 유신선포로 국회가 해산되고 이듬해 9대 총선이 시작되었다. 내가 살던 부산 서구에는 야당의 거물 김영삼의 대항마로 공화당의 박찬종이 또다시 뛰어들었다. 중선거구제로 바뀐 선거법에 따라 두 명의 국회의원을 뽑는데 김영삼과 박찬종의 당선은 불문가지였다. 그런데도 박찬종의 1위 당선을 위해 공화당에서 이 같은 부정을 저질렀다. 어린 학생의 눈에 비친 유신시대의 추한 얼룩이다. '실로 아버지를 존경할 때가 왔다'는 구절은 이상하다. 그전에는 아버지를 존경하지 않았다는 듯이 보인다. 왜 그렇게 적어 놓았을까? 일기에는 4.19 때처럼 데모를 해야 한다고 내가 떠드는데 아버지는 묵묵히 듣고만 계셨다고 적혀 있다.

박찬종은 공화당 내에서 정풍운동을 주도하다가 제명되고, 1980년 전두환의 제5공화국이 들어서자 김영삼과 손을 잡고 민주화운동의 전면에 섰다.

❥ 잃어버린 친구, 영재

1973년 3월 20일 화요일

영재가 며칠 동안 학교를 나오지 않아서 (이)정열, (제)용명이와 같이 (방과 후에) 영재네 집을 찾아갔다. 꼬불꼬불한 산길을 따라 겨우 올라가 음침한 (양철) 집으로 들어갔다. 방은 작년에 내가 (해운대서) 자취하던 정도의 방 하나와 작은 다락방 하나가 있었다. 거기서 영재 3형제와 할머니—어머니를 할머니로 잘못 적은 듯하다—그리고 조카 셋이 산다는 게 정말 놀라웠다. 애들은 몸이 새까맣게 땟국물이 자르르 흘러서 보기에 흉했다.

거기에 우리가 들어가 앉자 영재 어머니께서는 나가셔서 사탕 50원어치 정도를—어떻게 50원인지는 모르겠다—사가지고 오셨다. (우리는) 하나도 먹지 않았다. 영재 조카들이 달라붙어서 눈치를 봐가며 집어먹더니 거의 다 먹어버렸다. (어머니로부터) 집안 사정을 들으니 실로 한심했다. 영재 형이 운전을 해서 집안을 먹여 살리는데 사고를 내는 바람에 8개월 징역형을 받았단다. 때문에 당장 먹고 살 길이 없어서 부득이 영재가 학교를 그만두고 공장으로 어제부터 나갔다고 한다.

한참을 기다리니 영재가 (책가방 대신 도시락통을 들고) 들어왔다. 같이 나와서 (근처) 빵집으로 갔다. 거기서 이야기를 잘해서 1년간 휴학을 하는 걸로 합의(?)를 봤다.

어머니는 아들의 형무소를 다니며, 정신적 육체적으로 시달리니 조카들의 몸 하나 씻어줄 여유조차 없다. 더군다나 며느리조차 도망을 갔단다. 빌어먹을 년, 애를 셋씩이나 두고도 가정을 뛰쳐나가….

일기에는 적혀 있지 않지만 당시 영재의 집은 부산 동구 수정동의 어느 산꼭대기였던 것 같다. '음침한 집'이란 표현은, 햇빛이 들지 않는 어두운 방안에 이불을 쓰고 누워 계시던 어머니로부터 받은 인상 때문이다. 일기에는 '어머니가 내가 하는 말을 제대로 알아듣지 못했다'고 적혀 있다. 이제 영재의 얼굴은 기억이 나지 않지만, 도시락통을 들고 방문을 열다가 방 안에 앉아있는 친구들을 보자 당황하던 모습이 떠오른다. 어떻게 당황했는지는 모르겠으나 오래된 흑백필름처럼 뇌리에 잔상이 분명히 남아있다. 마치 전장에서 다리가 잘린 병사가 발가락이 가렵다고 호소하는 것처럼.

참으로 빈한하던 우리들의 학창시절이었다. 그중에서 영재는 비참하기까지 했다. 학교가 국립이어서 학비도 거의 면제였고 실습비만 부담을 했다. 그런데도 납부금을 제때 내지 못하는 친구들이 많이 있었다.

영재는 헤어진 1년 후에 복학을 하지 못했다. 지금 어디서 무얼 하고 있을까. 수년 전에 친구들이 모였을 때, 내가 영재를 아느냐고 물었더니 기억하고 있는 친구들이 거의 없었다. 우리가 나이가 더 들어 치매에 들기 전에 이 친구를 찾아 동기로 맞음이 어떠냐고 물으니 모두 좋다고 하였다. 그러나 바쁜 생활에 쫓겨 누구도 앞장을 서지 못하고 있다. 1974년 3월의 영재만큼 절박하지 않으니 그냥 차일피일하고 있다. 그래서 우리 모두는 입만 살아있는 친구들이다.

친구의 형수지만 '빌어먹을 년'은 그 후 행복해졌을까? 아이들이 보고파서 돌아왔기를 기대한다.

8월 15일의 사건

1974년 8월 15일 목요일

남포동 분식센터에 들어가니 12시 30분이었다. 더워서 콜라를 시켜놓고 TV를 보는데 갑자기 화면이 바뀌더니 긴급뉴스가 나왔다. 8.15기념식전에서 일본인 여권을 가진 괴한이 박정희 대통령을 저격했단다. 첫발은 불발탄, 둘째 발은 단상을 맞히고, 셋째로 쏜 총에 육 여사가 두부에 총상을 입고 병원으로 옮겨지고 범인은 경호원에게 잡혔단다. 대통령 각하는 그대로 식을 계속하고, 식이 끝나고 각하의 훌륭한 태도에 감동한 (식장의) 국민들이 박수로써 답례를 했단다.

(오후) 1시가 되어 인숙이가 들어왔다. 방금 일을 얘기하고 서로가 분해했다. 나가서 돌아다니다 〈지붕 위의 바이올린〉이란 영화를 보다….

1974년 8월 15일은 영부인 육영수 여사가 조총련 문세광의 총격을 받고 서거하신 날이다. 광복 29주년 기념식장이었고 육 여사는 49세였다. 이후로 나라는 시끄러웠다. 전국에서 매일 반공궐기대회가 열렸고 반일시위도 일어났다. 8월 19일 육 여사의 운구가 청와대를 돌아나가던 날, 부산에서 TV를 보던 우리 숙모는 서울의 광화문 연도에 운집한 시민들과 같이 훌쩍거리셨다.

모름지기 죽음을 보는 눈은 경건 엄숙해야하는 법이다. 요즘에 와서 70년대와 육 여사를 알지도 못하는 치들이 유신을 빗댄 음모론으로 고인을 모욕하는 풍조가 있으니 한심한 일이다. 공과 사를 구분 못하는 천한 짓이다.

인숙이는 당시 사귀던 여고생이다. 조숙하고 침착하며 〈Mother of Mine〉을 멋지게 불렀다.

❥ 실습이란 이름

1974년 10월 7일 월요일

아침에 (학교에) 가서 고(문옥) 선생께 얼굴을 보여 놓고는 그냥 내려왔다. (순번에 따라 실습을 나가게 된) 용명이와 (윤)기능이는 회사(대우실업)에 인사하러 가고, 나와 (김)득만이는 집으로 (돌아)왔다. 나도 이제 (곧) 실습을 나가게 되는데 그러면 득만이 혼자 (학교에) 남아서 실습 의뢰가 들어올 때까지 기다려야 한다. 그래도 같이 행동하고, 같은 처지에서 서로 동정하고 위로하고, 같이 즐거워했는데 이제 헤어져야 하니 섭섭했다. 득만이에게 실습을 나가게 됐다고 말하자 당장 득만이는 기가 죽는 모습이었다. 그 모습이 (매우) 쓸쓸했다.

집에 (돌아)와서 (멍하니) 있자니 회사에 가서 인사하고 오는 길이라며 기능이와 용명이가 (찾아)왔다. (월급으로) 한 달에 18,000원을 준단다. 적어서 갈까 말까 생각 중이란다. (동네 술집에) 내려가서 탁주를 (시켜 먹었다)….

6월 19일 학교 친구 대부분은 울산의 현대조선(지금의 현대중공업)으로 교가를 부르며 교외실습을 떠나고, 이유는 모르지만 면접에서 떨어진 나와 김득만, 조청석, 김광수 등 10여 명은 매일 학교에 나와 빈 기숙사나 친구 자취방을 떠도는 낭인 신세가 되었다. 친구들은 아침이면 학교에 모였다가 해운대나 술집으로 몰려다녔고, 학교는 그런 우리를 때때로 모르는 체 방임했다.

이후로 학교로 실습 의뢰가 들어오는 회사는 영세한 중소기업이 대부분이었다. 회사를 보고 온 친구들은 실망을 거듭하며 투덜거렸고, 집에서는 눈칫밥을 먹고, 학교에서는 바가지욕을 먹으며 울음을 삼키던 시절이었다. 모두가 가난한 집 아들들이어서 실습은 곧 취업이었다. 일찌감치 대학 진학과 젊음의 낭만도 포기한 채 가족의 생계를 책임져야 할 친구들도 많이 있었다. 내가 실습을 나간 곳은 중장비회사였는데 죽어라 용접을 하고 월급으로 1만5천 원을 받기로 했었다. 일기를 보면 당시 시내버스비가 20원이었고, 핸섬 크레이지 김재욱이와 본 〈스팔타카스〉의 입장료가 350원이라 적힌 걸로 보아 월급 1만5천 원은 거의 착취 수준이었다.

이 시절에 시장터에서 플라스틱 바가지 장사로 용돈을 벌어 친구들과 막걸리파티를 하던 기억이 새롭다. 득만이는 한국전력에, 청석이는 대한항공에 취직해 지금까지 잘 다니고 있다.

❥ 좋은 녀석, 광수

1974년 11월 10일 일요일

(공중전화를 걸고 돌아오는데) 누가 "광진아~" 하고 부른다. 보니 광수다! 8월에 헤어지고 처음이다. 우린 다방으로 갔다. 거기서 많은 이야기를 나누었다.

녀석, 무척이나 고생이다. 그토록 일해주고 한 달에 13,000원을 받았단다. 하루는 일이 끝나고 전부 (퇴근해서) 가는데 청소를 하고 있자니 부장이 뭐라고 하면서 혼자 신경질을 내고는 마구 두들겨 패더란다. 공장장이 말려서 그냥 치웠지만 그만두려고 마음먹었단다. 근데 다음 날이 월급날이고 집이 쪼들리는데 차비라도 벌어야 되겠기에 다음 날도 (출근) 갔단다.

13,000원 받아서 밥값 3,000원 떼어주고 (퇴근해) 오다가 늙으신 할머니와 어머니 그리고 동생들이 생각나서 과자랑 술이랑 사갖고 집으로 들어갔단다. 할머니, 어머니께 술을 권하고 따라드리니 할머니는 "내가 이제 오래 살다보니 손주가 사주는 술을 다 먹어본다" 하시면서 훌쩍거리더라는 것이다. 광수도 난생처음 타오는 월급을 떼어 그 돈으로 술을 사드리니 뭔지 감개스럽고, 삶이 고달프고 가난이 원망스러워 눈물이 절로 나오더라는 것이다. 그래서 막걸리를 두 되 (더) 사와서 허락을 얻어 같이 앉아서 자기도 술을 먹고 울며 노래 부르고 늦게까지 시간을 보냈다는 것이다.

나는 녀석의 그 참을성과 의지에 감복했다. 녀석은 남대문(담배)

을 먹고 있었다. 안 받겠다는데 끝까지 청자 한 갑을 사서 광수의 주머니에 넣어주었다. (광수는) 시간이 늦어서 (내일 연락하기로 하고 돌아)갔다. 좋은 녀석, 그동안 제일 보고 싶었던 녀석을 오늘 만났다. 자기도 내가 제일 보고 싶었다고 한다. 좋은 녀석….

광수는 가고, 아버지는 주무시고, 나는 (구멍)가게를 보다가 지금 들어와 라디오에서 〈꿈과 음악 사이에〉를 들으며 일기를 적는다….

김광수가 고3 가을에 실습을 나간 곳은 부산 사상에 있는 공장이었는데 모처럼 일요일 휴가를 받아 나를 찾아왔다. 광수의 첫 월급 이야기를 듣고 이렇듯 일기에 적어두었다. 만 18세, 광수의 비좁은 어깨는 무거웠다. 할머니, 어머니, 세 명의 동생을 짊어지고 있었다.

전화가 귀하던 시절, 광수가 보고 싶거나 연락할 일이 있으면 등산을 해야 했다. 광수 집은 거제리 시장골목으로 해서 산을 타고 올라가 하늘 아래 제일 끝집이었다. 언젠가 광수 집에서 끼어 자고 난 아침에 "야, 산까치가 운다! 오늘 좋은 소식이 있으려나 보다." 반색을 하자, 광수는 "수년 동안 까치는 매일 우는데 좋은 소식은 한 번도 없더라"며 창문을 열고 까치를 향해 쌍욕을 퍼부었다. "모처럼 쉬는 날 늦잠 좀 자자. 이 새끼들아!"

까치소리 시끄러웠던 그 집에는 지금도 팔순의 어머니가 살고 계시며, 얼마 떨어지지 않은 곳에서 광수는 가족들과 고양이 두 마리를 키우며 살고 있다. 열심히 사는 광수는 중소기업의 사장이 되었고, 나이 50에 대학도 졸업했다. 그나저나 일기를 보면 내가 광수에게 청자 한 갑을 사주었다고 적혀 있는데, 고등학생 백수가 어디서 돈이 나서 고급담배를 사주었는지 알 수가 없다. 광수가 이걸 기억해야 하는데….

제갈諸葛과 항우項羽

바로 그 녀석이었다!

진정으로 예술을 감지할 수 있는 안목을 가진 자는 나뿐이라는 하숙생들의 일치된 의견에, 당연히 몇 번 사양의 미덕을 보이다가 결국 어쩔 수 없다는 듯이 거실에 걸 액자 살 돈을 받아들고 나온 나에게 우리 집 하숙생 열 명을 대표한 엄청난 사명감과 함께 자존심을 일시에 무너뜨렸던 바로 그 녀석이었다.

약 두 시간 전에 나는 예술성이 높은 그림 하나를 사기 위해 미화당 백화점 이층으로 오르며 양쪽 벽에 가득히 붙어 있는 그림들을 하나하나 살펴 나가고 있었다. 많은 그림들 중에서도 내 눈길을 끈 것은 비록 사진이긴 하나 역시 '모나리자'였다. 내가 모나리자를 가리키며 얼마냐고 묻자, 예쁘게 생긴 점원 아가씨는 빨갛게 칠한 매니큐어를 자랑하듯 손바닥을 펴서 젖히며 "5천 원"이라고 했다.

"사진인데, 그렇게 비싸요?"

구매자의 입장에서 누구나 하는 질문이었다. 그런데 이 말을 가로막듯 나에게 질문을 던진 사람이 있었다.

"그게 누구의 작품인 줄 아십니까?"

나는 고개를 돌려 질문을 한 녀석을 쳐다보았다. 장발을 한 머리를 곱게 빗어내리고, 깜빡거리는 안경 속의 눈과 얇은 입술에는 건방진 조소까지 지그시 품고 있었다. 내 또래로 보이는데 수염을 깎지 않아서 그런지 스물일곱은 되어 보였다. 손에는 제법 두툼한 책까지 들고 있었다. 건방진 놈….

"그건 초등학생도 아는 상식입니다."

나는 항의하듯 말했다.

"상식을 모른다는 건… 한심한 일이죠."

녀석은 간단히 말해버렸다. 그리곤 점원 아가씨를 쳐다보며 싱긋 웃었다. 그 예쁜 아가씨는 따라 웃으려다가 내 얼굴을 쳐다보고는 혹시 내가 물건을 사지 않을까 걱정이 된 듯 웃음을 지워버렸다. 나는 그 건방진 녀석을 노려보았다.

"내가 알면 어떻게 하시겠습니까?"

그 녀석은 호방하고 도량이 넓은 자만이 가질 수 있는 웃음을 터뜨렸다.

"핫하하… 흥분하지 마십시오."

녀석은 수양이 덜 된 속인을 대하는 신부 같은 미소를 지우지 않고 내게 물었다.

"모나리자가 레오나르도 다빈치에 의해 그려졌다는 사실 외에 달리 아는 상식이 있습니까?"

나는 재빨리 머리를 굴려보았으나 더 이상 아는 게 없는 건 확실했다. 내가 머뭇거리자 녀석은 입가에 득의만만한 미소를 지으며 모나리자의 사진 앞으로 다가갔다. 녀석은 예쁜 아가씨에게 조용히 미소를 보이고는 다시 나에겐 엄숙한 표정을 지었다.

"이 모나리자는 포플러 목판 위에 그린 것으로 가로 오십오 센티, 세로 칠십칠 센티에 두께가 삼점 육팔이었습니다. 모델은 '모나리자 체라디니'였고, 르네상스 시대의 거장 다빈치의 '최후의 만찬'과 더불어 그의 대표작입니다…."

녀석은 교과서를 읽어 내리듯 줄줄 읊어나갔다. 얼핏 녀석이 들고 있는 책표지를 보니 『서양미술사○○○』이었다. 제대로 이 분야에 공부한 분위기가 있는 놈이었다. 순간 나에게 엉뚱한 생각이 떠올랐다.

"모나리자에 대해 잘 아시는 거 같은데, 모나리자는 어떻게 그려졌습니까? 어떤 동기로… 말하자면 다빈치가 어느 날 모나리자를 보고 반하여 요청한 것인지, 혹은 모나리자가 자기 자신을 그려달라고 부탁한 것인지, 아니면 또 다른… 혹시 아시는 게 있습니까?"

나는 의기양양했다. 녀석의 좌우로 오락가락하는 눈깔을 보니 녀석은 분명히 모나리자가 그려진 동기를 모르는 것이다.

"이런 명품이 과연 어떻게 그려졌을까요? 저는 잘 모릅니다만…."

이젠 내가 입가에 여유 있는 미소를 지을 때라고 느꼈다. 나는 환성을 지르고 싶은 충동을 누르며 유언을 기다리는 집행인의 자세로 담배 한 개비를 꺼냈다. 예쁜 아가씨도 기대에 찬 눈초리로 미소를 앞세우고 있는 우리 둘을 번갈아 보았다.

"아! 잘 모르시는군요. 여기선 담배를 피울 수 없습니다."

녀석은 벽에 '금연'이라 써 붙인 아크릴판을 가리키고는 큰일이라도 난 듯이 내 손을 급히 싸쥐었다. 나는 왼손으로 녀석의 팔목을 슬며시 비틀었다. 녀석은 손을 뺐으나 분명히 아팠을 것이다.

"아, 모르시는군요. 역시…."

나는 아까 녀석이 하던 식대로 예쁜 아가씨에겐 조용한 미소를, 그리고 녀석에겐 엄숙한 표정을 지었다. 그러나 녀석은 거짓말을 하는 소년을 나무라는 눈초리로 나의 아래위를 훑었다. 그리고는 나를 무시한 채 예쁜 아가씨에게 말을 하기 시작하였다.

"모나리자는 프렌체의 상인 '프란시스코 델 조콘다'의 아내인데, 그래서 모나리자를 '라 조콘다'라고도 합니다. 그림의 동기는 그 신비한 미소만큼이나 해석이 분분하지요. 이런 불명한 창작동기가 오히려 그림의 지명도를 더 높이는 원인이 되기도 한답니다. 프랑스의 프랑수아 1세가 첫 구입자였는데 당시 가격으로 일천이백 루블이었지요. 근래에 와선 몇몇 할 일 없는 학자들이 연구한 바에 의하면 당시의 모나리자는 위장병을 앓고 있었느니, 임신 중이었느니 하는 설까지 나옵니다만…."

순간, 예쁜 아가씨는 무한한 존경의 빛을 녀석에게 보냈고, 이어 나에겐 그것 보라는 듯이 녀석을 대신한 오만까지 곁들여 보냈다. 그때 아마 내 입에서 무슨 신음이 나왔는가보다.

"왜 그러십니까?"

녀석은 중환자를 진단하는 의사의 자세로 이미 돌아갔다. 난 정말이지 잠깐 쓰러지고 싶었다. 나는 보기 싫은 녀석에게 등을 돌리고 몇 걸음 떨어져 다른 그림을 살피기 시작했다.

"어디에 장식할 그림입니까? 환경에 맞는 그림이라야 되지 않겠습니까?"

어느새 녀석의 옆에 바싹 붙어 선 예쁜 아가씨는 만면에 웃음을 띠고 앵무새처럼 따라했다.

"그래요. 환경에 맞는 그림을 골라야죠."

나는 완전히 바보 취급을 당하고 있었다. 그러나 여기서 퉁명스런 대답을 하면 옹졸한 인간까지 된다고 느꼈다.

"거실입니…."

채 말이 끝나기도 전에 녀석은 내 말을 가로챘다.

"거실이 넓습니까?"

"…예."

나는 최대한 미소를 잃지 않으려고 노력했다.

"그러면 그따위 그림보다는 이게 낫습니다."

녀석이 가리키는 그림은 다행히 내가 아는 작품이었다. 나는 예쁜 아가씨를 의식하며 한마디를 던지지 않을 수 없었다.

"고흐의 '까마귀가 나는 보리밭'이군요."

"보리가 아니라 '밀'입니다."

녀석이 또 끼어들었다. 지겨운 놈! 보리나 밀이나….

"거실에 걸기에는 까마귀가 있어 좀 우중충한 분위기 같은데…요."

내가 솔직한 느낌을 얘기하자 그는 놀라는 눈이 되었다. 예술을 이해 못하는 이 무식을 어떻게 설득시킬까 하는 염려와 안타까움을 표정에서 완연히 느낄 수 있도록 눈살을 찌푸렸다.

"이 그림은 무엇을 그렸느냐가 문제가 되는 게 아닙니다. 어떻게 느껴지느냐가 중요한 겁니다. 물론 사람마다 차이는 있습니다만…."

나는 이를 꼭 물었다. 예쁜 아가씨는 녀석의 말에 공감을 느낀 듯 고개를 끄덕였다.

"삼국지를 읽지 않고서야 어떻게 제갈공명이 위대한 줄 알겠습니까? 시각적인 기초 없이는 이 그림의 이해가 어려울 겁니다. 그러나 갖다 걸어놓고 매일 감상하십시오. 언젠가는 이 그림을 이해할 때가 올 겁니다."

녀석의 얘기하는 자세는 산상에서 설교하는 예수의 모습을 닮아 있었다. 예쁜 아가씨는 더 이상 재고의 여지도 없다는 듯이 그림을 떼어낼 자세를 하고 있었다. 나는 조용히 그 그림 앞에 섰다.

"어떻습니까?"

녀석은 자신 있게 권했다.

"어쩌시겠어요?"

예쁜 아가씨도 따라했다.

"좋습니다."

나는 분연히 대답했다. 녀석은 길게 한숨을 내쉬었고 예쁜 아가씨는 기쁜 탄성을 질렀다. 그리고는 의자를 가져와서 그 위에 올라섰다. 예쁜 손으로 막 떼어 내려는 순간, 나는 나지막이 얘기했다.

"아니, 그 옆의 그림!"

녀석의 입가에 성자의 웃음이 사라지고 아가씨의 예쁜 손이 삐걱대며 허공을 더듬었다. 나는 뚜벅뚜벅 걸어가 그 그림 옆에 걸려있는 그림을 손으로 두드렸다. 그건 '고양이 네 마리가 나란히 앉아 있는' 그림이었다.

그 그림을 사들고 국산영화 한 편을 감상하고는 집으로 바로 들어가려다가, 저녁 어스름에 간단히 술 한잔하러 들어간 백화점 옆 골목의 고갈비 집에서 바로 '그 녀석'을 다시 만난 것이다.

"서로 알고나 지냅시다. 나는 제갈공이오."

녀석은 손을 앞으로 내밀었다.

"제갈공이라, 흡사 제갈공명같이 들립니다. 허허허…."

나는 웃으면서 이 기막힌 이름에 대처할 가명을 생각해 냈다.

"나는 황웁니다."

순간 녀석은 탁자를 치더니 킬킬대며 웃어댔다.

"항우와 비슷하군요. 킬킬킬…."

웃음 하나는 무척이나 지저분하다. 저 웃음을 아까 백화점에서 웃었다면 그 예쁜 아가씨가 정나미가 뚝 떨어졌을 건데, 하는 생각이 들었다.

"으하하 킬킬킬… 그건 그렇고 한잔합시다!"

녀석은 술을 쭉 들이켰다.

"항우는 우직스럽기만 하지 기지가 없거든요. 덕이 없으니 따르는 이도 없고."

녀석은 술잔을 돌렸다.

"제갈공명을 보십시오. 촉나라의 군사 한 명도 쓰지 않고 적벽대전에서 조조의 백만 대군을 수장시킨 그 탁월한 계략과 뛰어난 박식 말입니다."

나는 가명을 잘못 지었다는 후회를 했다. '장스칸'이나 '나표옹'으로 짓지 못한 때늦은 후회가 일었다.

녀석은 술이 들어갈수록 말이 많아졌고, 한 단락의 얘기 끝에는 잊지 않고 그 지저분한 웃음을 삽입시켰다. 소주 세 병이 비워지고 안주가 두 차례 바뀌었을 때 소식이 왔다. 내가 화장실에 갔다 오니 녀석은 계산서를 받아들고 있었다.

"제형, 계산은 내가 하겠소!"

내가 계산하려 했으나 녀석은 말을 듣지 않았다.

"항형, 아니 황형, 나는 아직까지 남에게 술값을 지워본 역사가 없는 사람이오!"

녀석은 '역' 자에 힘을 주며 떠들어댔다. 내가 머쓱해서 물러서자 녀석은 한참 주머니를 뒤적이더니 이런다.

"아니, 이상한데… 분명히 5천 원짜린 줄 알았는데 천 원짜리네!"

그 녀석에게 가졌던 순간적인 존경심마저도 나는 또 상실했다. 녀석은 애초부터 천 원을 들고 술을 마셨을 턱이 없었다. 순간 나에겐 복수의 염이 떠올랐다. 제갈공인지 제공갈인지를 다시 앉히고 안주와 소주 한 병을 다시 시켰다. 나는 최대한의 경어와 톤이 낮은 목소리로 녀석의 말에 응해 주었다. 갑자기 달라진 나의 양처럼 순한 태도에 녀석은 일순 당혹한 표정이었으나 취기 때문인지 곧 정상적인 그 지저분한 웃음을 흘리기 시작했다. 안주가 남아서 다시 술 한 병을 청할 때쯤에는 제갈 공명도, 나 항우도 어지간히 취해 있었다.

드디어 기회가 왔다. 제갈에게 소식이 온 것이다. 비틀거리는 몸짓으로 염분을 배출하겠다고 자리에서 일어선 것이다. 녀석은 "황포오 도옷대에에야~"를 흥얼거리며 화장실 쪽으로 갔다. 나는 얼른 주인을 불렀다.

"여기 고갈비 하나하고 소주 한 병 더, 그리고 이 집에 담배는? 없지!"

나는 비틀거리는 걸음을 가누며 유유히 술집을 빠져나왔다. 골목 계단을 통탕거리며 내려오자마자 재빨리 택시를 잡아탔다.

"충무동으로!"

해놓고는 한없이 웃어 젖혔다.

"우하하하~"

"우해해해~"

그 유쾌하던 웃음은 하숙집 앞에 차가 닿자 깨끗이 사라져 버렸다. 제기랄! 5천 원짜리 그림을 탁자 밑에 놓고 온 것이다. 나는 급히 기사에게 차를 돌려달라고 부탁했다.

— 1978년,
부산문화방송 창사 15주년 작품 모집에 당선, 방송되었던 작품

마지막 장강長江

처음으로 중국을 가본 것은 1997년 가을이었다. 당시 중국에는 장강을 가로막는 세계 최대의 토목공사인 '삼협댐' 건설이 한창이었는데, 댐이 완공되면 수위가 수십 미터 높아져 무수한 『삼국지』의 전설과 삼협三峽의 절경이 수몰된다고 하였다. 그래서 내 마음이 강물에 빠진 듯 다급해졌다.

6일간의 추석 연휴가 시작되기 전날, 건설현장에서 퇴근하자마자 집에도 들르지 않고 곧바로 서울로 올라갔고 다시 중국으로 날아갔다. 물론 혼자였다. 대문호 괴테가 '여행에 여자를 동반하는 것은 파티에 도시락을 싸가는 것만큼 어리석다'고 하였지만, 나는 그런 차원에서 혼자 떠난 것이 아니었다. 영화에서처럼 은밀한 로맨스를 기대한 것도 아니었고, 마누라 눈총 없이 한껏 써보고 싶도록 꼬불친 돈이 많은 것도 아니었다. 내 순정은 오로지 『삼국지』의 유적만으로 가득하였으며 가진 돈은 실로 빠듯하였다. 나는 이미 오래전에 여행을 작정하며 마누라에게 새로 『삼국지』 열 권을 선물했었다. 다 읽고 나서 같이 중국으로 떠나자며…. 그런데 추리소설만 좋아하던 아내는 『삼국지』를 쳐다보지도 않았다. 그래서 하는 수 없이(?) 혼자서 떠나게 된 것이다.

1997년의 여행은 나의 글쓰기에 새로운 전기가 되었다. 기껏 『삼국지』나 한번 더 읽어보고 떠난 여행이었는데, 여행은 잠자던 문학혼을 깨우고 각성을 부추긴 계기가 되었다. 중국에서 돌아오자마자 여행기를 쓰기 시작했는데 단숨에 원고지 100장 분량을 채워버렸다. 꽤나 의기양양해서 그 글을 복사해서 여기저기 돌렸는데, 시간이 지날수록 정작 써야 할 글이 빠져있다는 걸 깨닫게 되었다. '아는 만큼 보인다'는 경구에 빗대어 말하자면 '모르는 만큼 보지 못했다'는 것인데, 정작 여행 후에야 새로운 사실을 알게 되어 한숨을 내쉰 것이 한두 번이 아니었다.

내가 여행을 떠나며 아내에게 "삼국지를 읽지 않고 보는 장강은 그냥 물과 언덕뿐이니 아무런 감동이 없을 것이다"며 잘난 체를 하였는데, 내 어쭙잖은 여행기를 읽고 얼마나 많은 사람들이 혀를 끌끌 찼을 것인가.

우선 삼협의 입구에 있는 백제성白帝城이 그렇다. 백제성 하면 유비가 오吳나라 육손의 700리 화공에 쫓기다 숨을 거둔 곳으로, 죽어가며 제갈공명에게 어린 아들을 부탁한 곳으로 유명하다. 나는 여기까지만 적었다. 그러나 얼마 후에 이백의 「조발백제성早發白帝城」이란 시를 추가했고, 다시 두보의 「등고登高」란 시를 추가했다. 느낄 수 있는 세 개의 감동을 하나만 알고 있었던 것이다.

또 하나는 무한의 황학루黃鶴樓다. 황학루 아래에는 각필정擱筆亭이란 정자가 있고 최호의 시가 장황하게 새겨져있는데, 이백이 황학루에 들러 최호의 시를 읽어보고는 '더 이상 쓸 시가 없다'며 필을 던졌다는 전설이 있었다. 나는 꼬불꼬불한 최호의 시를 망연하게 쳐다보며, 천하의 이태백을 침몰시킨 시의 내용이 너무도 궁금하였다. 그리고 3년 후 김만중의 『구운몽』을 읽다가 새로운 해석을 발견하고, 혼자서 엄지와 중지를 수차례 튕겼다.

아는 만큼 보인다! 틀림없는 진리다. 그래서 결심을 했다. 앞으로 글을 쓴다면 빨리 쓰는 걸 자랑스러워하지 않고, 틈나는 대로 몇 번이고 다듬어 쓰겠다고 말이다. 좋은 글을 위한 '다듬어 쓴다'는 전제에는 '열심히 공부한다'는 전제가 필수가 될 수밖에 없을 것이다. 2000년에 시작한 나의 첫 작품 『고운 님 여의옵고』는 그렇게 다듬어 쓰다 보니 6년이란 시간이 들었다.

오래전에 써놓은 글을 세월이 지나 다시 꺼내 읽어보면 문체가 많이 바뀌었다는 걸 느끼게 된다. 20대에는 문장에 힘만 잔뜩 들어갔지 유치하기가 그지없고, 30대에는 손에서 글을 거의 놓았는데 그나마 조금 써놓은 글조차 '노가다 문체' 일색이니 부끄러울 따름이다. 그나마 조금 공력이 쌓였다는 40대에는 초반과 후반이 확연히 다르다는 걸 알 수가 있다. 감히 스스로 졸렬한 글재주를 이러쿵저러쿵 자평할 수는 없는 일이고, 40대 초반에 쓴 글을 여기에 소개하면, 나의 가장 확실한 팬인 '어형우'는 읽고 나서 지금과 비교하여 나에게 지止와 양揚을 조언해 줄 것이다.

원고지 130쪽이 넘는 글이지만 일부만 다음 장에 소개한다. 소개하는 대부분은, 서두에 말했거니와 삼협댐 건설로 인해 지금은 볼래야 볼 수 없는 장강의 수몰 전 풍경이다. 글의 제목은 「福酒가 중국으로 떠난 까닭은」이다. '복주'란 고등학교 친구들이 지어준 나의 별명이다. 술 '주' 자가 들어간 걸 보면 벌써 떡잎부터 알아본 모양이다.

福酒가 중국으로 떠난 까닭은

구태여 사대事大나 모화慕華가 아니더라도 中國이 한반도에 직간접으로 역사한 정신과 힘은 실로 대단한 것이기에 내 사상과 행동의 근간에 조상 대대로 유전되어 왔을 중국이란 염색체를 파악코자 하여 중국 역사소설이나 잡서를 탐독하기를 20여 년, 드디어 이번에 쫓기듯 5박 6일로 중국을 다녀왔다.

이른바 「장강삼협과 삼국지 기행」이란 상품이었는데, 유사 이래 최대의 토목공사인 삼협댐 건설로 인해 올 11월이면 강 수위가 높아져 삼협의 절경과 함께 삼국지의 전설이 무수히 수몰한다 하여 내 가슴을 아리게 하고 똥끝을 태우길 2년여, 추석 연휴를 맞아 전격 6일을 중국에 투자했다. 먼저 9월 7일 선친의 산소에 가서 수몰 후면 영원히 볼 수 없다는 핑계로 추석 성묘의 불가함을 고하고 불효를 용서받았다(?).

(9월 13일 중경重慶 여행기 생략)

❥ 9월 14일(日)

08시 30분, 유람선 장강지성長江之星은 뱃고동을 크게 한 번 울리고 뱃머리를 강 흐름과 같이하였다. 장강[1] 크루즈의 시작이다. 짙은 황톳물이 산자락 돌아가는 곳에서 꼬리를 숨기고 있다. 장강은 얼마나 길게 이어질 것인가?

배는 부지런히 장강을 타내려 간다. 점심식사 전까지 나는 거의 갑판 위에서 무심한 강물과 그 강물을 만들어낸 양쪽의 산세를 보면서 시간을 보냈다.

나는 강을 이렇게 그린다. 멀리 봉우리에 구름을 얹고 있는 산들이 보이고, 그 산 아래로 따뜻하고 광활한 초원이 끝없이 펼쳐지고, 한 산골짜기에서 출발한 맑은 시내는 초원의 한가운데를 실뱀처럼 흘러가 커다란 푸른 물줄기를 찾아든다. 내가 그리는 강은 이렇게 한가하며 투명하게 드러나 있다.

---

1 장강長江은 양자강揚子江으로도 불리는데 세계에서 세 번째로 긴 강이다. 전장 6,300km, 낙차 5,400m이며 수천 개의 지류를 갖고 있다. 발원지는 중국 서부 청해성과 티베트의 국경 근처이며 청해성에서는 통천하通天河라 불리고, 사천성 서부지역을 내려올 때는 금사강金沙江이다. 아미산을 지나 물길이 동쪽을 향하면서부터 장강이라 하는데 지역마다 부르는 이름이 다르다. 양자강이란 이름도 원래는 당대唐代에 남경南京 부근에 양자현楊子縣이 설치되어 있어 여기 장강 일대를 양자강이라 하였는데, 외국인들이 장강 전체의 명칭으로 오해하여 장강의 이름을 대신하게 되었다.

— 진순신의 『소설 십팔사략』에서

그런데 장강은 그렇지 않았다. 첫째, 들판이 없었다. 이후로도 보이는 모든 강물의 흐름은 산의 위용에 가리어져 있을 뿐이었다. 둘째, 탁류였다. 온통 붉은 황토빛이었다. 간혹 그물을 치는 작은 고깃배를 보았지만, 과연 물고기가 살고 있을까 의문이었다. 그리고 셋째, 맑은 날씨를 볼 수 없었다. 늘 안개 속이었다. 장강은 시작을 알 수 없고, 끝을 가늠할 수 없으며, 분명히 움직이고는 있되 느낌을 말할 수 없었다.

『삼국지』의 내용 중에 제갈공명이 안개 낀 장강을 타고 위魏나라 진영까지 가서 태연히 술을 마시며 짚으로 만든 병정으로 조조 군을 속여 화살 10만 개를 수거해 오는 장면이 있는데, 고개가 끄덕여진다. 그리고 물가에서 10여 미터 높은 비탈에 띄엄띄엄 보이는 사람이 살 것 같지 않은 낡은 집들….

바람이 분다. 그제 아침 여행사에서 연락이 왔다. 현지 날씨가 무척 더우니 여름옷으로 준비하라고. 그런데 오늘은 가는 비까지 내리니 오히려 춥기까지 하다.

(중략)

귀성鬼城에서 내려와 다시 배를 타러 가는 길가에 오리, 닭, 기타 이름을 알 수 없는 고기들이 삶거나 구워져 팔리고 있는 골목을 지나게 되었다. 먼지도 먼지려니와 도대체 정체를 알 수 없는 해괴한 부위들이 좌판에 깔려있어 나의 호기심을 자극했다. 한 좌판 앞에서 껍질이 벗겨진 섬뜩한 육괴를 가리키며 나는 이게 뭐냐고 물었다. '고양이'라는 통역이 돌아왔다. 엄지 손가락만 한 납작한 갈색의 살덩이를 가리키며 "이것은?" 중국 상인이 뭐라고 대답했고, 우리의 가이드 아가씨는 "엑!" 하며 그냥 몸을 돌린다. "뭐래?" "개 혓바닥!"

선착장 앞에서 벌떼처럼 달라붙는 아이들과 여인네들, 10분을 끈질기게 달라붙는 한 아지매로부터 열쇠고리를 샀다. 그리고 선착장 입구에서 앉은뱅이와 팔이 잘린 사람에게 남몰래 적선을 하였다.

적선積善! 중국에 여행 온 놈이. 내 행위에 교만은 없었는지, 정말 순수하였는지. 내가 어렸을 때는, 아니 20년 전만 하여도 한국의 지하도나 육교에는 저렇듯 말라 뒤틀리거나 절단된 육신의 일부를 생계의 수단으로 삼는 불쌍한 사람들이 많았다. 그런데 너무 오랜만에 본 탓인지 생경한 느낌이 들었다. 어쩌면 전생에 나는 최부崔溥처럼 중국에 표류하였다가 저들로부터 한 끼 밥을 적선받았는지도 알 수 없는 일이다. 오늘의 이 불편한 기분은 그때의 갚음이 너무 오래되었다는 부끄러움일 수도 있다.

17시 20분 회선, 출발.

18시 30분, 선장이 열어주는 연회에 참석. 큰 접시에 돼지껍질을 농구공처럼 둥글게 덮어놓은 음식이 나왔다. 껍질에는 먹기 좋도록 바둑판 모양으로 칼집이 나 있는데 포크로 하나를 찍어내면 그 속에 온갖 양념에 버무려진 살코기와 밥이 드러난다. 껍질의 쫄깃한 부위로 안주를 하고, 안쪽의 살코기와 밥은 마파두부와 함께 입속에서 버무린다. 황홀한 맛이다!

의학박사이신 김영학 씨의 부인 되시는 분은 「이규태의 양자강 기행」을 신문사에 찾아가서 복사를 해오실 정도로 이번 여행에 공부가 많으신 분이다. 나 역시 그 기행문을 책으로 엮어왔으니 서로 이야기가 될 만했다. 부인께서 식사 중에 '여지'라는 과일에 대해 얘기를 꺼냈다.

여지, 양귀비는 남방의 과일인 여지를 좋아했다. 또한 현종은 양귀비의 여지 까먹는 모습이 너무도 황홀했다고 한다. 여지는 딸기 같은데 속살은 빙설 같고 맛은 새콤달콤한 우유죽 같다. 열매를 따면 하루 만에 빛이 변하고, 이틀이면 향이 변하고, 사흘이면 맛이 변한다 했다. 하여서 말들은 싱싱한 여지를 진상하기 위해 3일 주야를 쉬지 않고 달려야 했다. 장강 이남에서 서울인 장안까지의 빠른 수송로를 만들었는데 이를 '여지로'라 하였다. 이 길에서 붉은 먼지를 날리던 수많은 인마가 지쳐서 죽어갔다. 양귀비의 입맛을 위하여…. 부인과 나는 꼭 여지를 맛볼 것을 다짐하였다.

❥ 9월 15일(月)

06시 기상. 배는 봉절奉節에 머물러 있었다. 삼협三峽이 시작되는 입구인 봉절에 백제성白帝城이 있다고 들었다. 나는 서둘러 선상갑판으로 올라갔다.

봉절, 원명은 어복현魚腹縣. 바둑을 두는 사람은 바둑판의 손바닥만큼의 중앙 부분을 '어복'이라 부른다는 것을 알 것이다. 이른바 오나라 육손의 '700리 대화공'으로 유비는 대패하여 도망에 급급하고, 육손의 추격은 이어진다. 드디어 이 부근 어디에까지 왔던 육손은 일찍이 제갈공명이 돌과 흙으로 만들어놓은 팔진도八陳圖에 걸려들어 빠져나가지 못하고 기진해 있을 때, 한 노인이 나타나 구해준다. 가까스로 미로에서 벗어난 육손은 제갈공명의 신기에 감탄하여 추격중단을 결심한다. 바둑판에서 '어복'이란 그만큼 변화무쌍한 곳이란 뜻이다. 실제로 이곳에서 1km쯤 들어가면 제갈공명이 만든 팔진도의 흔적이 아직도 남아있다고 한다. 그런데 배는 무심히 지나치고 나는 가볼 수가 없었다. 미치겠다.

미칠 일은 또 있다. 백제성을 가보지 못하는 것이다. 내가 하도 '백제성, 백제성' 하고 뇌니까 조선족 가이드가 봉절을 출발한 지 10분이 되었을까—분명 누군가에게 물어보고 나타난 듯—강 왼쪽 산허리를 가리키며 "저것이 백제성"이라고 했다. 보니 성 같은 것이 있기는 한데, 성벽도 제대로 보이지 않고 지붕과 성문 같은 것이 나무숲에 가려져 뚜렷하게 와 닿지를 않는다. 눈을 접시만 하게 뜨고 살폈지만 하늘로 끝이 치올라간 지붕과 누르스름한 색의 벽체로써 성의 한 부분임이 짐작될 뿐이었다.

백제성, 전한前漢의 공손술이 스스로를 백제白帝라 칭하고 이곳을 백제성이라 했다. 그 후에 이 성이 유명해진 것은 바로 육손에게 대패하여 쫓기던 유비가 제갈공명에게 아들 유선을 부탁하고(유비탁고劉備托孤), 숨을 거둔 때문이다(AD 223년, 63세).

중국에서 산 관광안내서에는 성의 사진은 없고 백제묘白帝廟란 누런 건물이 있는데 내가 본 것이 바로 이것인가 보다. 또한 이곳에는 제갈공명이 별점을 쳤다는 관성정觀星亭이 있다고 한다. 하여튼 이 역사적인 유적지를 나는 눈으로 확인하고, 만져보고, 냄새 맡고, 가슴으로 느꼈어야 하는데 그냥 멀리 지나쳤을 뿐이다.

나는 이백이 여기 사천에 귀양 왔다 돌아갈 때 지었다는 「조발백제성早發白帝城」을 더듬어본다.

朝辭白帝彩雲間　이른 아침 붉은 구름 사이로 백제성을 떠나
千里江陵一日還　천리 강릉(형주)을 하루에 오다니.
兩岸猿聲啼不盡　양 언덕의 원숭이 울음은 채 끝나지도 않았는데
輕舟已過萬重山　배는 가벼워 이미 만겹산을 지났구나.

시를 읽으면 장강의 바람이 귀를 스쳐 지나가는 듯한 느낌이다. 백제성을 지나면 바로 삼협 중 첫 협곡인 구당협瞿塘峽으로 빨려 들어간다. 기협夔峽이라고도 한다. 안내서에는 전장 8km, 세 협곡 중 가장 짧지만 가장 장엄하다고 했다. 이 협곡의 경치를 설명할 방법은 없다. 강폭은 약 150~200m로 줄어들어 물살은 빨라지고, 좌우에 병풍처럼 수백 미터 솟구친 절벽 사이로 내가 탄 유람선은 왜소한 나뭇잎이 되어 장엄한 자연 앞에 그저 겸손해할 뿐이다. 내가 무슨 말을 할 수 있을 것인가?

구당협 (날씨가 흐려 사진마저 흐리다)

수억 년이나 되었을까? 혹은 수십억 년 전에 여기 촉蜀의 땅을 짓던 神은 끝내 참지 못하고 급한 '쉬야'를 해버렸다. 그 센 오줌발이 잘 지어놓은 산맥의 허리를 남북으로 잘라내며 흘러내려 동해(한국에서는 서해)에까지 이르렀고, 먼 후세에는 겨드랑이와 사타구니에 털이 난 원숭이들이 모여들어 산이 솟았느니, 땅이 꺼졌느니, 강은 훨씬 뒤에 생겼느니 하며 여기 산천에 돋보기를 들이대고 건방을 떨고 있다. 자연이 왜 自然인지를 모르는 놈들! 나는 할 말이 없다.

안녹산의 난 이후, 떠돌이 생활을 하며 병고에 시달리던 두보杜甫는 그의 나이 56세 되던 해(767), 기주夔州에 살며 중양절 세시풍습대로 이 근처 어딘가 높은 곳에 올라 국화주를 마시며 소원을 빌었다. 아마도 가족의 무사안녕과 자신의 건강을 빌었을 것이다. 그때 지은 시 「등고登高」에는 이 근처 풍경이 한스럽게 그려져 있다.

08시 30분, 무산현 도착. 인구 3만. 버스로 이동.

삼협의 지류인 소삼협小三峽을 보기 위해 용문교龍門橋 아래서 하차. 우리 일행과 중국인 관광객들은 20인승의 작은 보트로 갈아타고 소삼협을 거슬러 오른다. 강폭은 더욱 좁고 산세는 더 위협적이다. 근래에 비가 별로 없어서인지 수심이 낮아 배 밑창을 긁아대는 자갈 소리가 사각거린다. 그럴 때마다 프로펠러의 추진력보다는 사공들의 대나무 작대기가 더 힘을 발휘한다. 소삼협을 오르내리는 보트들은 꼬리에 꼬리를 물고 맑은 수면에 화살표를 그려대는데 간간이 내리는 가랑비는 동그라미를 그리며 운치를 돋운다.

파무협, 많은 현관을 볼 수 있다

용문협龍門峽(12.3km), 파무협巴霧峽(10km), 적취협滴翠峽(20km)을 소삼협이라 하며 여기를 흐르는 물줄기를 대영하大寧河라고 한다. 우리를 실은 작은 배는 파무협에서 돌아 나올 수밖에 없었는데 더 위쪽 적취협의 중간지류에는 소소삼협小小三峽이라 하여 삼장협三掌峽, 진왕협秦王峽, 장탄협長灘峽의 또 다른 절경이 있다 한다.

조선족 가이드에게 물었다.

"삼협댐이 완성되면 수심이 50미터나 올라온다는데 이 절경들이 물에 잠기면 아까워서 어쩌냐?"

가이드는 태연하다. "그때가 되면 새로운 절경과 또 다른 전설이 나타난다"고 했다. 물줄기가 워낙 얕아 지금은 가볼 수 없는 소소삼협도 그때는 가볼 수 있을 것이고, 지금은 보지 못하는 천하절경들도 물이 차 들어오면 비로소 찾아볼 수 있을 것이라 했다.

돌아 나오는 배는 흐름을 타고 속도가 빠르다. 나는 올라갈 때 보았던 신비한 풍경에 다시 카메라 초점을 맞춘다.

[의문 1] 고잔도古棧道. 가로세로 18cm, 깊이가 40cm의 구멍이 1m 남짓한 간격으로 바위 절벽 중간에 나 있다. 용도는 구멍에 나무를 박고 그 위에 널빤지를 놓아 사람이 다닐 수 있게 한 것이라 하는데, 오래전 신문에서 읽었을 땐 제갈공명이 오吳를

치러 갈 때 군마가 이용하도록 만든 길이라 했었다. 그러나 김 선생 생각은 다르다. '강'이라는 좋은 운송수단을 놔두고 굳이 저리 어렵고 위험한 길을 만들어 군사를 이용할 이유가 없다는 것이다. 저것은 필경 삼협 안에 사는 주민들의 물자 운송로라는 것이다.

또 다른 모양의 고잔도는 절벽 한가운데를 사람이 다닐 정도로 'ㄷ' 자로 파놓아 길을 만들었다. 이것은 멀리서 바라보기만 하였는데 당시에는 아무도 설명해 주는 사람이 없어서 그냥 무심히 흘려본 게 아쉽기만 하였다. 이렇듯 두 형태의 잔도가 자그마치 400km나 이어져 있다 하니 놀랄 지경이다. 서울에서 부산까지가 430km인데, 상상을 해보라. 수천 혹은 수만이 될지도 모르는 사람들이 절벽 중간에 매달려 바위를 쪼아대는 모습을….

이백은 촉도난蜀道難에 쓰기를, '황학도 날아 지나가지 못하고 원숭이도 기어오르기 어렵다'고 했으며, 촉으로 가는 길은 '하늘에 닿는 사다리와 잔도로 이어졌다'고 했다. 이백은 '위태롭고 높아라! 촉나라 길은 푸른 하늘 오르기보다 어렵구나蜀道之難 難於上青天!'라고 세 번이나 한탄을 했다. 그리고 '아아 먼 길 손이여, 어찌하려고 예까지 왔는가嗟爾遠道之人 胡爲乎來哉?' 하며 자탄을 하고 있다.

[의문 2] 현관懸棺, 깎아지른 절벽의 한중간에 동굴을 파고 관을 넣었다. 소삼협뿐 아니라, 나중에 서릉협에서도 자주 볼 수 있었는데 수백 미터 절벽 중간에 이르는 길(예를 들면 잔도)은 전혀 없었다. 어떻게 동굴을 파고 관을 이송할 수 있었을까? 책에 보면 전한시대에서 남북조 시대까지의 파족巴族들의 장례 풍습이었다고 했다. 어떤 여행객은 "저것은 관이 아니야. 앙이, 어떻게 관을 저기까지 끌어올릴 수 있다는 게야. 관이 아닐 게야" 하셨지만 그것은 분명 관이었다.

[의문 3] 사람이 하늘을 날고 싶다는 염원이 신화나 전설이 되어 내릴 때, 서양에서는 이카로스의 날개처럼 '난다'와 '날개'를 분리해 생각할 수가 없었을 것이다. 그러나 동양에서는 기氣 철학으로 인해 직접 몸이 날기도 하고, 장풍을 날릴 수도 있었다고 믿었던 것이다.

나는 무협지를 수백 권 읽은 사람이다. 하여, 무림의 오대문파(소림파, 무당파, 화산파, 곤륜파, 아미파) 중 아미파의 본거지가 이 부근이 가까울진대, 이 험한 산세와 깎아지른 절벽을 볼 때 분명 무공이 입신의 경지에 이른 백발도인이 한 번쯤은 몸을 날려 새처럼 절벽을 뛰어넘는 모습을 보일 만도 한데, 끝내 도인은 나타나지 않았다. 동굴 관 속에서 낮잠이라도 자는지….

무협

15시 40분, 작은 보트는 처음 출발한 용문교로 귀환. 지금은 절벽 한가운데 걸려 있는 아치형의 용문교가 수위가 높아지면 선착장 역할을 할 것이라고 했다. 다시 버스를 타고 장강지성으로 귀선.

17시, 배는 힘차게 고동을 한 번 울리고 무협巫峽으로 들어섰다. 전장 45km. 협곡 양쪽으로 기괴한 봉우리들이 즐비하다. 이른바 무산巫山 12봉. 조선의 화가들이 상상만으로 그려낸 무산을 나는 지금 눈으로 확인하고 있는 것이다. 그리고 보았다. 김상필 선생이 가리키는 손끝을 따라 직선으로 달려 올라간 눈길이 멈춘 곳엔, 온몸을 검은 천으로 감싼 신비한 여인이 바위산을 딛고 서서 수백 미터 아래의 강물에 부대끼고 있는 나를 내려다보고 있는 것이었다. 아아, 신녀봉神女峰이었다!

이 지역은 늘 운무로 흐려져 있어 수백 미터 산꼭대기에 있는 신녀봉을 배 위에서 육안으로 확인할 수 있다는 건 대단한 행운이었다. 실제로 일본 NHK방송에서 찍은 비디오를 보면 헬기로 공중촬영을 했는데도 신녀봉은 운무 속에서 그 몸을 선명히 드러내지 않았었다. 그런데 그녀가 오늘 나에게 그 신비한 몸매를 보여준 것이다. 나는 까치발을 했다. 배야, 제발 잠시라도 멈추어다오…. 그것도 잠시, 그녀는 다른 봉우리에 서서히 가리어져 착각인 양 사라져 갔다.

내 아날로그 카메라로는 신녀봉(화살표)의 신비를 잡아낼 수가 없다.

무산에 얽힌 전설이 생각난다. 전국시대, 초나라 양왕이 이 근처에서 놀다가 피곤하여 잠시 잠이 들었는데, 비몽사몽 간에 한 요염한 미인이 나타났다. 왕은 그녀와 동침을 하게 되었는데 이별할 때 그녀는 "저는 무산에 삽니다만 아침에는 구름이 되어 산에 걸리고, 저녁에는 비가 되어 산을 내려옵니다" 하고 사라졌다. 왕이 이튿날 아침 무산을 바라보니 빛나는 구름 하나가 두둥실 떠 있었다 한다. 남녀의 밀회를 무산지몽巫山之夢 또는 운우지정雲雨之情이라 함은 여기서 나왔다 한다.

강물이 찰랑이는 절벽의 아래쪽을 정신없이 좌우로 살핀다. 여기 어디쯤에 분명히 있을 텐데…. 김 선생은 좌측을, 나는 우측을 맡기로 했다. 잠시 후, 김 선생의 비명을 듣고 그쪽으로 뛰어갔다. 드디어 신문에서 보고, 안내서에서 사진으로만 보던 공명비가 보였다. 집선봉 아래쪽 절벽, 강물이 찰랑이는 곳에 가로 3미터, 세로 6미터 정도의 'ㄷ' 자로 파인 평면. 그 옛날 대패하여 도망가던 유비를 쫓던 육손이 여기에 이르러 제갈공명이 쓴 비문을 읽고는 감동을 하여 군사를 물렸다는 곳이다. 지금은 아무런 글씨도 보이지 않는다. 전설에는 제갈공명의 정치철학이 담긴 융중대隆中對가 새겨져 있었다고 한다. 멀지 않아 물속에 잠길 아까운 유적이다. 김 선생과 나는 신녀봉과 공명비를 봤다는 기쁨에 겨운 악수를 나누었다.

저녁에 이를 자랑하는데 조선족 가이드는 공명비를 알지 못한다. 문화대혁명 시절에 유적 파괴는 물론, 『삼국지』 같은 '반혁명적 비사상적' 소설은 모조리 폐기해 버렸다고 한다. 물론 요즘은 구태여 구하려고만 하면 구할 수는 있겠지만 지금의 젊은이들에겐 고대의 영웅담보다는 흑묘백묘黑猫白猫론 같은 '돈벌이'가 더 현실적으로 재미있고 시급하다고 했다.

이날 밤, 나와 김 선생은 조선족 가이드와 바에서 맥주를 마시며 중국에 대해 묻고 들었다.

9월 16일(火)

06시 기상. 밤사이에 배는 몇십km나 지났을까. 사위는 아직도 어두운데 배는 서릉협西陵峽을 통과한다. 전장 66km. 배는 쉼 없이 내려간다.

서릉협

오늘은 추석秋夕이다. 한국에 있었으면 제사상 차리고 선친께 절할 준비로 부산할 텐데… 갑자기 향수가 밀려온다. 가이드가 올라와 여기가 중국의 4대 미인 중 하나인 왕소군의 고향이라고 소개한다.

4대 미인이란 양귀비, 초선, 왕소군, 서시를 말한다. 누가 어떤 기준으로 정했을까? 격랑의 시대를 몸으로 살아간 경국傾國의 정도를 기준으로 했다면 은殷나라를 무너뜨린 달기, 주周나라를 찢어발긴 포사, 부자 2대 황제에 걸쳐 사랑을 받은 측천무후則天武后도 만만치는 않을 것이다. 관광지에서는 4대 미인의 그림을 그려놓고 그 옆에 이름을 달아놓은 그림을 팔고 있었는데 화가가 어떻게 4대 미인을 보고 그렸는지 알 수 없었다.

(중략)

서릉협도 앞서의 구당협이나 무협에 뒤지지 않는 장엄함이 있었다. 그러나 이틀을 계속 협곡을 지나온 탓인지 감탄은 많이 줄었다. 나중에 안내서를 보니 공영협崆嶺峽, 청탄靑灘, 황우협黃牛峽, 병서보검협兵書寶劍峽(제갈량이 병서와 보검을 숨겼다는 전설

서릉협

이 있다)[2], 우간마폐협牛肝馬肺峽(산세가 소의 간과 말의 폐를 닮았다는 곳), 등영협燈影峽(삼장법사를 비롯한 손오공 · 저팔계 · 사오정의 전설을 가진 곳) 등등, 보다 즐거움을 높일 기회가 많았는데 가이드가 말을 해주지 않으니 그냥 지나쳤을 뿐이다. 더구나 중국의 역대 시인들이 거의 다 들러 시를 짓고 갔다는 삼유동三遊洞이 어디쯤에 있다는 말도 해주지 않았다.

11시가 지났을 무렵 삼협댐이 보이기 시작했다.

삼협댐, 만리장성 이래 최대의 토목공사, 댐 길이 2.3km, 두께 15m, 높이 185m, 손문 이래 역대 지도자들의 100년 꿈의 실현, 내년 11월에 1단계 공사완료. 최종 마무리는 2009년, 댐 상류 600km이내 해발 175m 이하 지역 이재민 190만. 어느 신문

---

2 추가 글 : 2003년 6월 1일부터 삼협댐에 물을 채우기 시작하면서, 제갈량이 죽기 전에 '내 병서와 보검을 장강 절벽의 현관에 숨겨라'고 유언했다는 전설을 확인하기 위한 보물 탐색자들로 인해 2000년 이상 절벽에서 잠자던 현관들의 뚜껑이 열리고 있다 한다.

- 2003년 6월 5일 신문에서

에는 이주 예상인구를 1천3백만이라고까지 했다. 저수량 390억ton.

(중략)

11시 30분, 좌측으로 남진관南津關이 보인다. 옛 이름은 유봉성劉封城, 지금은 이름뿐, 성 자취는 보이지 않고 금색 지붕의 단아한 정자가 보이는데 아마도 장비와 관련된 건축물인 듯하다.

유봉劉封, 유비의 양자로 관우가 적중에 고립된 채 구원병을 요청했으나 유봉은 출병을 하지 않았고, 결국 관우는 잡혀 죽고 말았다(219년, 58세). 유비는 피눈물을 흘리며 애통해 하다가 유봉이 돌아오자 즉시 처형해 버렸다. 그리고 복수를 위한 10만 대군의 출병에서 유비 또한 육손에게 대패하여 백제성에서 죽고….

그전에 장비도 관우의 복수 출병에서 어이없이 죽었다[3]. 이렇게 『삼국지』의 결말은 관우의 죽음에서부터 시작된다. 가설이지만 만약 여기 유봉성에서 유봉이 구원병을 보냈더라면 관우가 살아날 수 있었을까? 글쎄, 역사에는 가정이 없다고 누군

---

3 관우의 죽음을 애통해 하던 장비는 부하인 범강, 장달에게 명령을 위반하면 참수하겠다는 협박과 함께 3일 안에 모든 출정병사의 백색 갑옷을 만들라고 지시했다. 결국 이 무리한 명령으로 인해 장비는 이판사판의 범강, 장달에게 술 취한 목을 잘리고야 만다.

가 말했었다.

금색 지붕의 정자 아래쪽으로 북을 치는 장비 상이 있다. 뇌고대擂鼓臺라 한다. 한때 장비가 적벽대첩 후 군사요충지인 이곳 태수로 있으면서 수군을 연병하던 모습을 거칠고 우람하게 입상을 해놓았다.

배는 곧 의창宜昌으로 들어선다. 삼협댐 건설로 인해 경기가 무척 좋아졌다고 읽었다. 배는 의창 시내를 가로막고 있는 갈주패 댐으로 다가선다. 삼협댐 완공 전까지는 중국 최대의 수력발전소이다. 댐을 지나가려면 갑문으로 나가야 한다. 기다리는 동안 선장이 베푸는 송별연이 시작되었다.

옆자리 중국인 좌석의 왁자하게 떠드는 소리에 정신이 없다. 중국 말씨의 독특한 억양에다 거리낌 없는 소동으로 더욱더 혼을 뺀다. 그들은 술 시합을 하고 있었다. 10여 명이 둘러앉아 술을 한 잔 가득 따라 마시고는 서로에게 잔이 비었음을 보여준다. 어떤 이는 머리 위에서 잔을 털기도 한다. 한 사람, 두 사람 떨어져 나가고 나중에는 남녀 둘이 맞붙었는데 "어싸, 어싸~" 하며 술을 마실 때마다 응원까지 해준다. 대단한 주량에 대단한 우정들이다. 그래, 팍팍 마셔라. 술은 백약의장百藥之長이라 했으니….

(중략)

17시 40분, 형주荊州 도착. 인구 35만.

형주성, 높이 4~7미터 성벽이 정방형으로 10여 미터씩 남아있다. 청대淸代에 복원된 성이었다. 형주는 유비가 촉蜀에 근거를 마련하면 오吳에 돌려주기로 했다가 슬그머니 차지한 땅이다. 적벽대전의 승리 후 오의 대장 주유는 촉을 치려다 병사했고, 노숙은 촉오동맹으로 위魏를 견제했다. 노숙이 죽은 후 여몽이 병권을 맡자 촉을 친다. 적이 침공하면 봉화대에 연기를 지펴서 알리기로 되어 있었으나, 여몽의 계략으로 봉화대는 적에게 접수되어 형주는 함락되고 맥성麥城에 나가 있던 관우는 고립된다. 관우는 급히 유봉에게 구원병을 요청하였다.

형주성 밖

형주성 안

나와 똑같은 질문을 김상필 선생이 가이드에게 한다. "강 쪽으로 봉화대가 이어져 있었다는데 지금도 있느냐?" 가이드는 역시 알지 못했다.

청대淸代에 형주성 안에는 만滿족과 한漢족이 사는 경계가 그어져 있었는데, 만족은 자유로이 통행했으나 한족은 만족의 주거지로 갈 수 없었다 한다. 나는 오래전에 『아편전쟁』을 읽으며 만족이 그들의 백 배에 달하는 한족을 지배하는 게 신기하기만 했었다. 결국 형주성 내의 경계는 신해혁명 이후 파괴되었다고 한다.

20시, 무한武漢으로 출발. 밤, 고속도로 좌우로 대평원으로 보이는 드넓은 양어장들. 가이드는 두 시간 동안 현대 중국의 모습을 얘기해줬다. 개방화에 따른 생활의 풍요로운 변화, 모택동을 누른 등소평의 인기, 돈맛을 안 중국의 젊은이들, 퇴폐를 눈감아주는 공안원들. 그러나 아직 치안은 믿을 만하다고 했다. 무한은 무창武昌[4], 한구漢口, 한양漢陽의 세 시를 합쳐 무한이라 하며 중국의 5대 도시라 했다. 인구 900만. 22시 도착. 호텔 투숙.

❥ 9월 17일(水)

06시 기상, 모처럼 맑은 날씨, 조식, 07시 40분 출발.

(중략)

10시 15분, 손문이 1911년 10월 10일(중국 정부수립일) 신해혁명

---

4 적벽대전의 패배로 위의 세력이 약해져 천하가 삼분되자, 오의 손권은 장강의 중류를 장악하기 위해 도성을 건업建業(지금의 남경)에서 서쪽 악현으로 옮겼다. 그리고 무력武力으로 창성昌盛하라는 뜻에서 도성 이름을 무창이라 개명하였다.

군 정부를 수립하고 중화민국을 세울 뜻을 선언한 기념관을 스쳐 지나고, 사산蛇山 기슭에 세워진 황학루黃鶴樓에 도착했다. 신선이 누런 학을 타고 승천했다는 전설이 있는 곳이다. 황학루는 삼국시대에 처음 지어져 당, 송, 원, 명, 청대에 달리 지어졌던 모습들이 누각 내에 전시되어 있었다. 지금 것은 1985년에 재건한 철근, 콘크리트 5층의 51m의 누각이었다. 위에 오르니 무한 시내와 장강대교 등이 시원하게 펼쳐진다. 1,800년 전의 장강도 이렇게 흘렀을까….

황학루

황학루 조금 아래쪽에 각필정擱筆亭이란 정자가 있다. 이백이 황학루에 올라 시를 지으려 하다 일찍이 최호崔顥가 여기에 이르러 시를 짓고 갔다는 말을 듣고, 그 시를 일독하고는 "더 이상 쓸 시가 없다!"며 필을 던진 곳이란다. 각필정 건너편 대리석 벽에는 최호의 시[5]에 대해 장황히 적혀 있는데 내가 눈을 뜨

5 김만중의 『구운몽』에 '월왕이 저에게 못 이겼다 하는 것은 이태백이 최호에게 기가 꺾였다고 함과 같소이다'는 구절이 있는데, 이는 이태백이 '필을 던졌다(擱筆)'는 전설이 실제로 있다는 것과 아무려면 이태백이 최호보다야 못하겠냐

각필정

고는 있으나 알아볼 수가 없으니 그저 무식한 게 한일 뿐이다.

13시 40분, 공항 근처에서 식사를 하고 상하이로 가는 비행기를 탔다.

(중략)

우리는 외탄外灘을 구경하러 나갔다. 프랑스, 영국, 일본의 조차지역이었던 이곳은 지금도 19세기형 건물들이 그 위용을 자랑하며 길게 늘어서 있다. 지금은 철거된 서울의 옛 중앙박물관과 비슷한 대리석 건물들이 지붕의 돔 위로 깃발을 흔들며 예전의 영화를 뽐내고 있다. 그 이국적 정취를 잠시 덮어두고 고개를 반대편 동쪽으로 돌리면 황포黃浦공원이다. 외탄과 접한 황포공원은 많은 사람들이 카메라를 들고 여유롭게 즐기고 있었다. 우리는 강 건너편 포동浦東지구에 있는 468m의 초현대식 타워, 상하이 TV—동방명주를 배경으로 사진을 찍었다.

긴 신작로를 사이에 두고 한쪽은 근대식 대리석 건물의 도열로 엄숙함을 보이고, 또 한쪽은 강변 공원과 유람선이 떠 있는

는 역설을 함께 보여준다.

강으로 여유로움을 보이고, 그리고 강 건너편 포동의 현대식 초고층 빌딩들은 상해가 이제는 외세를 빌린 발전을 거부하고 자주적인 국제 항구도시로 우뚝 서겠다는 거만함까지 보여주고 있었다.

황포공원을 나오며 올봄 TV 시리즈물로 재미있게 보았던 견자단 주연의 〈정무문精武門〉 중 한 장면이 떠올라 조선족 여자 가이드에게 물었다.

"여기 공원 입구에 '개와 중국인은 들어가지 못한다(狗與華人不進入內)'는 경고판이 있었다는데 아직 있습니까?"

그러나 그 경고판은 벌써 없어졌다고 한다. 아깝다! 남의 나라 땅에 들어온 日本人들이 공원 출입구 앞에다 세웠다는 그 경고판은 부수기에 앞서 영원히 보존해야 할 역사적 교훈이요, 가슴으로만 들을 수 있는 경종인데 말이다. 아깝다!

또 하나, 공원에서 아직도 해가 훤한, 무수한 사람이 오가는 공원벤치에서 스무 살쯤 되어 보이는 사내놈의 허벅지 깊숙이에 짧은치마를 입은 아가씨가 걸터앉아 얼굴을 맞대고 있었다. 아니! 저럴 수가… 내가 경이의 눈으로 쳐다보자 중국에서 유학을 했던 여자 가이드는 말한다.

"저건 아무것도 아네요. 대학 구내에 들어가면 아예 입을 붙이고 다녀요."

나는 깨달았다. '性에 대해서는 말하지 않는다'는 중국의 전통 윤리관이 '性에 대해서는 말하지 않겠다'는 가치외적 방임으로 흘러가고 있다는 것을…. '자본주의 나쁜 놈!'

이날 밤, 상해 난생대주점蘭生大酒店 호텔에서 마지막 밤을 보냈다. 못내 섭섭해서 우리 일행들은 가까이 있는 술집을 찾아가 새우와 오징어(目魚) 안주에 고량주를 마시며 늦은 시간까지 얘기를 나누었다.

(중략)

국내에 들어와서 책을 뒤져보니 삼협댐은 올해 11월에 1차 공사가 완료되고 수위가 18m 올라간다고 되어 있었다. 18m만 올라가도 지형이 엄청 바뀐다고 했으니 이번에 잘 다녀온 것이다. 2003년에는 135m, 댐이 완공되는 2009년에는 175m까지 상승한다고 하였다.

한 번 더 기회가 주어지면 그때는 마누라하고 촉의 수도였던 성도 쪽으로 여행을 해서 제갈공명이 숨진 오장원도 살펴보고, 서안으로 해서 그 유명한 진시황릉의 병마용갱도 보고 싶다. 마누라여, 환갑 전에는 가보지 않겠는가. 기대하시라.

여지는 봄에 나는 과일이어서 맛보지 못했다.